La promesse du petit garçon
Une histoire d'inceste

Toute reproduction ou représentation intégrale ou partielle par quelque procédé que ce soit des pages publiées dans le présent ouvrage, faite sans l'autorisation de l'éditeur est illicite et constitue une contrefaçon. Seules sont autorisées, d'une part, les reproductions strictement réservées à l'usage privé du copiste et non destinées à une utilisation collective, et d'autre part, les courtes citations justifiées par le caractère scientifique ou d'information de l'œuvre dans laquelle elles sont incorporées (art. L. 122-4, L. 122-5 et L. 335-2 du Code de la propriété intellectuelle).

© Emmanuel Breton, 2025
Tous droits réservés.

Couverture : David Pairé
Photo de 4e de couverture : Gwenn Huguen
Correction : Agence Emendora
Projet et mise en page : Judy Manuzzi | Artis
Édition : BoD · Books on Demand, 31 avenue Saint-Rémy
57600 Forbach, bod@bod.fr
Impression : Libri Plureos GmbH, Friedensallee 273,
22763 Hamburg (Allemagne)
ISBN : 978-2-3225-6985-4
Dépôt légal : avril 2025

Emmanuel Breton
& Isabelle Bieth-Leize

La promesse du petit garçon
Une histoire d'inceste

récit

PRÉFACE

Je ne prends pas la plume pour que l'on me plaigne. Je prends la plume parce que le silence règne. Je prends la plume parce que le silence saigne. Je le fais pour tous les enfants qui subissent. Pour tous les enfants abusés, violés, victimes d'inceste. Pour qu'enfin, un jour, chacun d'entre eux trouve la force et le courage de dénoncer. De porter plainte.

Un enfant sur dix est victime d'inceste.
J'écris aussi pour que tous ces enfants ne deviennent pas eux-mêmes des monstres. Un garçon violé peut devenir violeur à son tour. Je veux aider à mettre fin à cette spirale infernale.

Toutes les victimes d'inceste sont des héros. Toutes les victimes sont des héroïnes.
Je veux raconter mon silence.
Voici mon histoire…

Emmanuel Breton

1

LIBÉRER SA PAROLE

Heure du bain. Élise, ma première fille, est âgée de quelques mois. Je me sens bizarre, pas vraiment heureux, ailleurs. Pourtant, je suis papa. Quelque chose me dépasse… Mais quoi ? Mes mains se mettent à trembler.

L'innocence de ma fille me saute à la figure. Je ne peux pas m'occuper d'elle. Je ne peux pas la toucher. Je reste figé devant la porte de la salle de bains.

Vendredi 4 décembre 2020.

Je suis décidé. J'ai mûrement réfléchi. Je vais parler. Me libérer.

Ce matin-là, je sais que je ne peux plus faire machine arrière. Mon chemin est là. Il s'ouvre devant moi. Une force invisible me porte vers la gendarmerie de Montfort-sur-Meu.

Je me gare. J'ai déjà fumé plusieurs joints. Je sors de ma voiture et, tel un automate, je me rends directement à la porte et je sonne. Je suis là pour coucher sur le papier tout ce qui m'est arrivé. Pour dénoncer. Et ne plus subir. Agir, enfin.

Sur la gauche se tient un gendarme, un jeune brun aux cheveux courts, avec une manière très particulière de parler, comme s'il était engoncé dans sa barbe.
— C'est pour quoi ?
— Je veux parler à une femme.
— Pour quelle raison ?
— Cela ne vous regarde pas.

Je serre les mâchoires. Je suis sous haute tension, dans un état second. Je ne maîtrise plus rien. Il cherche ses collègues, mais les deux femmes gendarmes de la brigade sont en mission. Je lui dis que je repasserai. Il insiste :
— Mais pourquoi êtes-vous là ?
— Je viens pour porter plainte.
— Pour quoi ?
— Pour viol.

Un lourd silence s'installe. Je comprends pourquoi je n'ai jamais parlé. Je comprends que rien ne sera plus comme avant. J'entre dans l'inconcevable, et je mesure l'ampleur et les conséquences de venir déposer plainte pour inceste. Voyant les regards qui se ferment, pour disperser les doutes, je précise immédiatement :
— Je suis la victime.
— Monsieur, répond le gendarme, je ne vous laisse pas repartir.

Il me reçoit dans un bureau. Dès la première demi-heure, je suis exténué. J'ai besoin de faire une pause clopes. Il refuse en me disant que c'est bientôt fini, mais il me laisse finalement sortir au bout de trois heures. Je ne peux plus rien cacher. Je ne veux plus rien cacher. La tension est extrême.

Une adjudante finit par arriver et détend l'atmosphère. On est en pleine épidémie de Covid. Je porte un masque. Il fait horriblement chaud. C'est pesant, terrible et très pénible. Je raconte mon histoire, comme un long fleuve, et elle tape sur le clavier de son ordinateur. Tape, encore et encore. J'évoque tout, ma sœur, le nom des enfants violés, le nom des violeurs. Elle m'encourage à décrire les scènes avec précision, pose beaucoup de questions, m'écoute avec empathie...

À la fin de mon récit, elle me demande :
— Avez-vous autre chose à ajouter ?
— Certainement.
— Avec ce que vous venez de me dire, nous en avons assez pour aller chez le procureur. Souhaitez-vous entreprendre des démarches sur le plan civil ou judiciaire ?
— Je souhaite déposer plainte contre mon oncle pour des faits de viols à répétition.
— En cas de nécessité pour l'enquête, nous devrons certainement procéder à une confrontation. Êtes-vous disposé à le faire ?
— Je serai prêt.

J'apprendrai, quelques jours plus tard, la décision du procureur d'ouvrir une enquête. Comme j'ai donné le nom d'autres enfants, le magistrat pense avoir affaire à un pédophile en série.

Je reste cinq heures quarante-cinq à la gendarmerie. Du premier viol jusqu'à ce jour, j'ai vécu enfermé. Après ces longues heures d'interrogatoire, je me sens affreusement mal. Je ne sais plus qui je suis. Je sors du bâtiment. Je suis tout seul. Absolument seul. Une impression de tsunami. Je sens le vent sur ma peau, le sol qui porte mes pas… Je suis libéré d'un immense poids, mais aussi entièrement mis à nu. J'ai enfin raconté qui j'étais. J'ai le sentiment d'être vidé, démuni. L'épreuve a été extrêmement douloureuse. J'ai l'impression que tout ce que j'ai construit autour de moi s'écroule. Un vertige insoutenable. Je bascule vers quelque chose que je ne maîtrise pas, alors que, depuis que je suis né, je tente de tout contrôler pour être rassuré. Je n'ai plus aucun repère, sans doute comme un prisonnier qui a été enfermé durant 20 ans et qui sort enfin. L'ivresse de la liberté, mais son angoisse, aussi.

L'inceste m'a obligé à vivre et à avancer en fonction de lui. Avoir libéré ma parole m'oblige à ne plus pouvoir me réfugier dans cet élément moteur. C'est comme si j'étais né à 48 ans. Je ne crains plus de dire la vérité. Mais une autre peur se met insidieusement en place, celle des représailles. Je dors habillé pour pouvoir agir rapidement. Mon couteau de boucher ne me quitte plus. Tous les soirs, je cadenasse ma porte avec une chaîne. Mais, paradoxalement, je n'ai pas peur de les affronter.

Cette libération a été amorcée la veille. Quelques mois avant, j'ai assisté à une remise de trophées pour les sportifs du Pays de Brocéliande. Un journaliste a expliqué les problèmes que rencontrait Ludivine Malle, une patineuse de roller artistique, pour financer sa saison. Je ne sais pourquoi, mais je suis touché par ce récit.

Pendant le confinement, je cherche une solution pour que les personnes, depuis chez elles, puissent faire du sport. L'agence de communication Shiromilla, avec laquelle je suis en contact, me propose d'organiser une séance en visioconférence avec une athlète de haut niveau de ma région.

***

Jeudi 3 décembre 2020.

Gabrielle, qui est dans le même club que Ludivine, me suit sur Instagram. Je pense qu'il s'agit de cette dernière alors je la contacte. Elle doit demander l'autorisation à ses parents. Je réalise qu'il y a erreur sur la personne. La jeune fille que j'ai au bout du fil n'a que treize ans. Il ne s'agit pas de Ludivine.

— Ce n'est pas toi qui dois participer aux championnats d'Europe et du monde qui arrivent ?
— Tu dois confondre avec Ludivine… Ludivine Malle.

Je fais alors des recherches sur Internet et je découvre que Ludivine a été violée pendant plus de cinq ans par son entraîneur. Une bombe me traverse le corps. Je suis projeté en arrière dans mon fauteuil à roulettes. Je recule de plusieurs mètres. Toute mon histoire remonte à la surface par flots entiers et dévastateurs.

Mais je trouve la force de lui envoyer un message via Instagram.

« Bonjour, Ludivine. Je suis Emmanuel Breton, de Montfort-sur-Meu. Je te contacte de la part de Gabrielle Sanchez. Je suis préparateur physique et j'aimerais te proposer un projet. Mon portable est le 06... Merci d'avance. »
« Bonjour, Emmanuel. Tu es suivi par Shiromilla, non ?! C'est gentil, mais j'ai déjà un préparateur physique qui me suit. Tu connais Gabrielle ? »
« Ce n'est pas pour devenir ton préparateur... »

Le téléphone sonne. C'est Ludivine. Nous parlons du projet, mais très vite nous basculons sur les tragédies qui nous rassemblent.

Les larmes me montent aux yeux. Ma voix tremble, elle le sent. Elle me comprend instantanément :
— Je sens dans ta voix que ce que tu dis est vrai.
C'est la première fois que je me livre à une victime. Elle me donne de la force. Elle, elle a eu le courage, la force d'aller dénoncer.

Je retourne alors à Bédée. J'envoie un message aux filles de Shiromilla.
« J'ai un truc de ouf qui m'est arrivé encore aujourd'hui ! »
« Quoi donc ? Dis-nous tout ! »
Je raconte ma conversation avec Ludivine. Elles n'en reviennent pas.

Ce matin du 4 décembre, je me réveille pour aller chercher ma fille Erell chez sa maman et l'emmener à l'école. Je passe ensuite chez Jean-Marie, un ami d'enfance, qui me soutient depuis ma séparation. Il est au courant de mon passé difficile, mais n'a pas tous les détails. Nous nous connaissons depuis que je suis arrivé à Montfort-sur-Meu, en 1982. Il habite tout près de chez moi. Je lui explique ce qu'il s'est passé avec Ludivine, que je suis à deux doigts d'aller tout déballer à la gendarmerie. Je suis en transe. Je ne suis plus moi-même.

Puis je me rends chez ma mère, Noëlla, pour utiliser sa connexion Internet. Il faut que je fasse des vidéos de mes séances de sport pour ma chaîne YouTube. J'entre dans la chambre où je dormais quand je suis arrivé à Montfort-sur-Meu. Je pose mon ordinateur portable sur le lit…

Je me sens comme dans les films où une bombe vient d'exploser et où l'on n'entend plus rien à cause de l'effet de *blast*, où tout fonctionne au ralenti. C'est dans cette chambre que j'ai appris que l'un de mes meilleurs amis d'enfance, Karim, était décédé. C'est dans cette chambre que je dormais avec mon demi-frère Steven. Un soir, ne trouvant pas le sommeil, je m'étais levé pour dire à ma mère, pour la première fois de ma vie, que mon oncle me « touchait le zizi ». À neuf ans, je n'avais pas trouvé d'autres mots…

Depuis cette chambre, je ressens tout l'immense poids de mon passé. Je sens que je suis à l'aube de basculer dans un autre monde. Brusquement, je précise à ma mère que j'ai quelque chose à faire et que je reviens dans cinq minutes. Je pars à la gendarmerie sans rien ajouter. Je pars libérer ma parole.

***

Samedi 5 décembre 2020.

Emmanuel à Ludivine, le jour de son anniversaire.

« Bonjour Ludivine,
J'espère que tu vas bien... Je vais la faire courte pour respecter ta magnifique journée.
Moi aussi, j'ai un cadeau pour toi. J'ai les larmes aux yeux en t'écrivant ce message... Mais qui mieux que toi peut me comprendre ?
Je t'ai parlé de moi. Quand je t'ai dit que j'avais tout balancé à la justice, c'était pour les affaires de ma sœur. En parallèle, je vivais les mêmes choses avec une autre famille.
Moi, je n'ai jamais eu la force de porter plainte. Cela fait 40 ans que j'ai peur de parler...
Hier, je suis arrivé à la gendarmerie à 9 h 45, j'en suis ressorti à 15 h 15, exténué. Aucun mot ne peut exprimer ce que je ressens.
Du fond de mon cœur et de mon âme, MERCI.

Je ne te connais pas encore, mais je sais que je ne t'oublierai jamais.

Manu. »

2

NOËL 2002

En sortant de la gendarmerie, complètement étourdi, je mets un temps infini à reprendre ma voiture. Je retourne chez ma mère. Elle ne comprend pas bien ce qu'il se passe.

— Les cinq minutes étaient un peu longues, me glisse-t-elle.

Je m'installe dans la cuisine. Elle me tourne le dos, prépare à manger, face à la gazinière. Je lui explique ce que je viens de faire, que je suis allé porter plainte contre mon oncle. Sans se retourner, elle commente :
— Vous me saoulez avec vos histoires de viols. Vous croyez que je n'ai pas assez souffert ?
— Maman, que s'est-il passé ? Pourquoi tu dis ça ? Toi aussi, tu as été violée ? Par ton père, c'est ça ?
Elle me répond :
— N'importe quoi, ce n'était pas mon père.
Elle me reparle du viol collectif qu'elle a déjà évoqué lors du Noël 2002.

À cette date, Angèle, ma petite sœur, est absente depuis plusieurs Noëls, depuis sa tentative de suicide en 1996. Régis, le mari de ma mère, dort dans la chambre d'à côté, fermée par un simple rideau. Mon demi-frère et mes demi-sœurs sont présents. Tout le monde est alcoolisé. Je suis sous l'effet du cannabis. Ma mère regrette l'absence d'Angèle. Je prends sa défense et lui fais comprendre pourquoi sa fille lui en veut. Je lui explique que ma sœur n'est pas présente parce que sa propre mère n'a pas réussi à l'enlever des griffes de ses agresseurs. Je profite de la situation pour lui dire ce que j'ai vraiment subi avec mon oncle.

— Il m'a violé.

Je lui raconte tous les détails. Elle s'apitoie sur son sort, disant qu'elle aussi a été violée. Je lui demande :

— Qui est mon père ?

Elle craque et me raconte.

Ce week-end-là, un vendredi ou un samedi, tu te rends, comme à ton habitude, au Café de la gare. Quatre hommes, situés au comptoir, engagent la conversation avec toi. Ils comprennent vite que tu es seule. Quand tu dis que tu vas au cinéma, ils proposent de t'y emmener en voiture. Au début, tu refuses, préférant te rendre à pied à ta salle habituelle, plus proche. Mais tu te laisses convaincre d'aller jusqu'à un autre cinéma, situé un peu plus loin. La petite bande s'installe dans la voiture, trois à l'arrière, toi placée côté passager. Tu te rends vite compte qu'ils ne prennent pas la bonne direction, t'emmenant vers les hauteurs de la ville, dans un endroit isolé bien connu des locaux. Une grande côte, qui passe devant le château. Les cinémas sont bien loin. Ils sortent de la voiture. L'un d'eux baisse ton siège pour t'allonger. Il te viole sans ménagement en se réjouissant de t'avoir dépucelée. Puis c'est au

tour du deuxième et du troisième. Le quatrième, le conducteur, chef de la bande, lui, ne te viole pas. Devant l'étonnement des autres, il répond :
— Je ne peux pas, je me marie bientôt.
Tout au long de la scène, tu répètes en boucle :
— Je veux partir.
Ce à quoi ils rétorquent :
— Tu ne retrouveras pas ton chemin.
Ils te redéposent à la gare, te jetant comme un animal. Tu retournes à pied chez madame Houel chez qui tu travailles. Tu es seule, salie, complètement traumatisée. Tu n'es plus que larmes.

Je hurle :
— Mais non, c'est ton père ! C'est ton père !
Je l'accuse de mentir. J'ai toujours soupçonné le viol, mais j'étais persuadé que c'était son père, le coupable. Tout m'amenait à penser que c'était mon grand-père. Ma mère l'a choisi pour moi comme parrain et je ne comprenais pas son obstination pour que je le voie souvent. Quand elle a commencé à comprendre qu'elle était enceinte de moi, au Nouvel An 1971, son père a réagi bizarrement. Alors qu'elle avait des nausées épouvantables, il lui a dit :
— Tu dois être enceinte.
Pourquoi a-t-il immédiatement pensé à cela, et non à une simple crise de foie ?

Pour moi, c'est moins immonde que mon grand-père puisse être mon père que d'imaginer un inconnu. Au moins, je le connais et cela reste dans la famille, en quelque sorte. Et j'ai relié des éléments qui me font croire que c'est lui. À chaque fois qu'on allait le voir, je sentais qu'elle avait peur. Et tout ce qu'elle décrit me donne la sensation que cela ne peut être que lui…

Et puis, pendant toute mon enfance, mes rapports avec ma mère ne sont pas ceux d'une maman avec son fils. Nous avons plus des liens fraternels. Elle se comporte avec moi comme moi avec ma sœur. Je me dis alors, tout naturellement, que ma mère et moi avons le même père. Mais c'est peut-être, tout simplement, les rapports d'une mère avec un fils issu d'un viol, ou encore une mère à qui on n'a jamais donné d'amour…

Petit à petit, je prends conscience que je suis né d'un viol. J'interroge souvent ma mère pour savoir qui est mon père. En ce Noël 2002, je me rends compte que je fais peut-être fausse route au sujet du coupable, mais non des faits. La difficulté, pour moi, est de ne pas pouvoir mettre un nom sur un visage. Je n'accepte pas d'avoir été conçu de cette façon ni d'avoir subi la même chose après. L'horreur se transmet. Le silence tue.

Jusqu'à ma thérapie, commencée en janvier 2021, je doute de la version du viol collectif que m'a livrée ma mère. J'ai toujours cru que c'était une pure invention pour ne pas dénoncer mon grand-père et pour ne me donner aucune chance de découvrir la vérité.

Je la harcèle :

— Tu n'es pas capable de te souvenir par qui tu as été violée pour que je sache qui est mon père ? Hein ? Mais tu n'as jamais rien vu, maman ! Angèle a été violée, et moi aussi. Mon oncle m'a violé. Quand on était en famille d'accueil, Tonton et ses fils ont violé Angèle, et tu n'as rien vu ! Rien !

Mais, en cette nuit de Noël 2002, je fais la promesse de tout raconter à la justice, pour moi et pour ma sœur. Je ne supporte plus de savoir que ces hommes sont dehors et que personne ne fait quoi que ce soit pour les arrêter. L'un est éducateur d'enfants spécialisé, directeur d'un IME[1]. Quant au deuxième, il est marié avec une assistante maternelle qui garde des enfants à son domicile. Cela me motive pour me battre. Imaginer qu'ils peuvent violer d'autres enfants me révulse. Je ne suis plus un coupable, mais bien une victime. Les coupables, ce sont eux. Et ils doivent payer.

---

1   Institut médico-éducatif.

3

PROMESSE TENUE

En janvier 2003, je contacte Angèle pour lui proposer d'aller porter plainte. La prescription à cette date est de dix ans. Elle m'explique qu'après avoir passé quelques mois à l'hôpital, à la suite de sa tentative de suicide, elle a déjà été interrogée par la brigade de Dol-de-Bretagne pour justifier les faits. Elle a parlé des viols, mais sans désigner les coupables. N'étant pas en mesure de dénoncer qui que ce soit, la gendarmerie propose à Angèle de la recontacter plus tard. Les gendarmes pensent que c'est son compagnon qui a essayé de la tuer. Ce dernier n'était pas présent sur les lieux à leur arrivée. La ville est cernée. Après l'enquête, il sera mis hors de cause.

Ni moi ni ma mère ne sommes entendus. La brigade de Dol ne recontactera jamais Angèle.

Lorsque je décide de joindre la brigade de Dol, j'apprends que le dossier de ma sœur a été transféré à Saint-Malo. Nous prenons alors contact avec le secrétariat du parquet, en expliquant pourquoi nous avons besoin de ce dossier. La secrétaire nous indique qu'il existe bien, mais qu'il mentionne uniquement la tentative de suicide. Sinon, il est vide.

Lundi 23 juin 2003. Sur les conseils d'une inspectrice de police de la brigade des mineurs, ça y est, je trouve la force d'écrire. Je ne pense plus qu'à ça. Je suis dans un état second. J'écris et remue toute cette histoire qui pourrit en moi depuis des années. Je suis à la fois excité et très concentré. Je tremble. J'enquête aussi de mon côté. Je passe beaucoup de coups de fil, notamment aux enfants que gardait mon oncle. Deux jours après, il m'appelle parce qu'il a appris que je revenais à la surface. Il panique... Nous sommes dimanche. Ma femme répond, me dit que c'est mon oncle. Je suis tétanisé. Il me demande si j'ai des enfants. Je ne lui laisse pas le temps de continuer : je raccroche en l'insultant.

Un soir, je suis en train d'écrire, tard dans la nuit. Je suis complètement saoul, imbibé de rhum et de cannabis. J'éprouve le besoin d'aller vérifier le numéro de la rue où ont eu lieu les viols. Il faut absolument que j'y aille. Je prends ma voiture. Arrivé devant la maison, je vais vérifier l'adresse sur la boîte aux lettres pour être sûr qu'ils habitent bien là. Leur nom y figure. Je panique, à tel point que je mets dix minutes, complètement tremblant, à insérer ma clef dans la serrure de la portière, puis dans le Neiman. Je conduis pendant plusieurs minutes, tétanisé. Je dois attendre une bonne demi-heure pour me calmer. Cette nuit-là, je prends conscience du traumatisme profond dont je suis victime.

Je compose ainsi tout un dossier qui retrace précisément tous les sévices que ma sœur et moi avons subis, donnant chacune des identités des agresseurs. Une trentaine de feuilles s'accumulent dans ce dossier rose.

Mercredi 25 juin. Il est environ 10 heures. Coup de téléphone au domicile de ma mère. Émilie et Cathy, mes deux demi-sœurs, sont présentes. Au bout du fil, celui qui se faisait appeler « Tonton », le père de notre famille d'accueil.

— Bonjour, Noëlla. C'est Tonton. Est-ce que tu as l'adresse d'Angèle ou bien son numéro de téléphone ?
— Non ! répond-elle, prête à s'évanouir.
— Je vais me débrouiller.

Il raccroche. Ma mère est en état de choc. Elle ne tient plus sur ses jambes. Tonton impose de nouveau sa terreur. Mes demi-sœurs me préviennent. Nous avons peur comme jamais. Se doute-t-il de quelque chose ?

Le 3 juillet 2003, j'accompagne Angèle pour porter plainte à la gendarmerie de Montfort-sur-Meu. Je suis là en tant que témoin. Je raconte également ce qu'il m'est arrivé. À la fin de notre témoignage, le gendarme me demande si je veux porter plainte. Je réponds « non ». Ma crise d'angoisse avec le Neiman et le coup de téléphone de Tonton m'ont glacé.

22 septembre 2003. Je dépose le « dossier rose » aux services sociaux et chez le procureur. Les agresseurs sont auditionnés le 19 novembre 2003.

Hiver 2003. Coup de téléphone d'un homme qui a pris connaissance du dossier rose que j'ai envoyé aux services sociaux. Il n'était pas le destinataire, mais l'a eu entre les mains. Il souhaite me rencontrer. Il se présente comme un ancien élu du conseil général. Il précise que, depuis peu, il a créé une association pour aider les enfants maltraités. Mais, curieusement, il ne connaît pas la famille d'accueil dans laquelle ma sœur et moi avons été placés. Je lui demande où nous pouvons nous voir. Il me répond :

— Pas dans les locaux de la DDASS, voyons-nous ailleurs.

Je me dis qu'enfin, quelqu'un va m'écouter. Mais c'est étrange. Nous nous rencontrons finalement, un soir, chez mes ex-beaux-parents. Il fait déjà nuit. Nous nous serrons la main. Sa poignée est molle, comme s'il était un fantôme. Il n'a pas l'air très à l'aise. Il est mielleux et cherche la discrétion pour l'échange. Il me demande si on peut s'isoler dans la maison. La seule pièce où nous pouvons l'être est sous les combles.

— Très bien, cela fera l'affaire.

Nous discutons des faits évoqués dans le dossier. Les questions-réponses fusent. Le rendez-vous dure une heure. Il part. Je ne le reverrai jamais. Pour moi, il n'est pas venu pour en savoir plus à propos du dossier, mais pour en savoir plus tout court.

Après cette scène, je me mets à enquêter. Je veux absolument trouver qui a violé ma mère. Trouver qui est mon père. Il y a trois possibilités, puisque le quatrième homme n'a fait « que » regarder. Je suis allé voir toute la famille, j'ai fouillé partout, interrogé toutes les personnes possibles, et j'ai composé un dossier aussi grand que moi. Ma mère ne m'aide pas :

— Je ne te dirai rien, mais je ne t'empêche pas de chercher.

J'explore la piste de la ville au château, mais les personnes que j'interroge ne savent rien et se mettent souvent à pleurer. Je me rends ensuite chez madame Houel, où ma mère a travaillé comme aide à domicile. Plus personne n'y habite. Je décide de la chercher dans l'annuaire téléphonique et je retrouve l'une de ses filles. Je l'appelle. Elle me dit qu'effectivement, à la suite de son viol, ma mère a arrêté sa mission dans la maison. Mais elle ne sait rien d'autre.

Je vais aussi voir Suzanne, ma marraine, tante de ma mère, qui tenait un commerce dans son bourg natal. Elle m'avoue :
— Tu sais, Emmanuel, ce n'était pas facile, la vie, là-haut, à la maison.

Au fil du temps, l'origine de ma naissance revêt plusieurs versions. Un jour, ma mère me dit :
— Tu es comme ton père, tu aimes le football, le bricolage.
C'est la première fois qu'elle évoque le sujet. Et elle ne dit pas un mot de plus. J'ai dix ans à ce moment-là. Un autre jour, elle me raconte qu'elle a eu une histoire avec un homme de la ville au château. Elle invente manifestement, pour embellir. Quelques éléments font pourtant partie de la vérité. Cette vérité du viol qu'elle finira par me raconter lors du Noël 2002.

Plus tard, ma mère me dit que mon père est un peu plus âgé qu'elle, qu'il est menuisier et qu'il joue au football. Elle me raconte qu'ils ont eu une relation pendant un an. Ils ne se voyaient que l'après-midi, de manière irrégulière, et toujours en voiture, en dehors de la ville au château. Les rendez-vous avaient lieu sur une place, près de la gare, après qu'il l'avait interpellée depuis sa voiture. Elle me dit qu'elle ne se rappelle pas de son prénom, juste d'une lettre bien précise le composant. Elle ajoute que, dans sa voiture, le siège avant se rabattait…

Je m'aperçois que beaucoup de détails ne collent pas. Mais, ce qui m'interpelle le plus, c'est que ma mère ne se souvient ni du nom ni du prénom de celui avec qui elle a eu cette soi-disant relation d'une année et un enfant… Cela m'oriente sur la piste du viol. Depuis ce jour, je mets toujours un point d'honneur à évoquer toute personne qui croise ma route par son prénom et par son nom.

Dans mon bureau, au club, j'ai accroché deux cartes au mur : une où j'ai retracé le parcours quotidien de ma mère, et une autre où j'ai répertorié tous les clubs de football et les menuiseries autour de la ville au château. Je les appelle un à un en espérant avancer dans mes recherches.

Avec les éléments que ma mère m'a donnés, je fouille sur Internet. Après des journées et des journées d'investigations, je tombe sur une photo de l'homme qui est venu me voir sous les combles. Il est en train de marcher aux côtés du président de la République, dans la ville où ma mère a été violée. Il est un élu de la ville au château ! Mais qu'est-ce que cet homme est venu chercher chez moi ? Je réalise l'ampleur de ce que je suis en train de faire émerger…

Je décide d'enquêter sur lui. J'apprends qu'au moment où il m'a rencontré, il était sénateur. Un sénateur est venu discuter avec moi dans un grenier… Pourquoi a-t-il menti sur son identité quand il est venu me voir, se faisant passer pour un travailleur social ? Je réalise qu'il n'a pas pu me recevoir dans les locaux des services sociaux, puisqu'il n'y travaillait pas... Comme si son monde ne pouvait pas rencontrer mon monde ? Pourquoi a-t-il pris autant de risques ? Et l'unique lettre dont ma mère se souvient est présente trois fois dans le nom du sénateur...

Toute mon enquête finit dans une boîte à chaussures. Dans mon esprit, c'est comme si j'avais déjà découvert une vérité et que je me rendais compte de la lourdeur extrême du combat à mener. Je n'arrive plus à me concentrer sur mon travail. J'ai des dettes. Face à la violence de la non-réponse du procureur à mes nombreuses lettres, qui reste également inerte devant les nombreux témoignages d'amies d'Angèle la soutenant, je me sens complètement perdu. Incompris.

Dans la foulée, en mars 2005, je prends rendez-vous avec une avocate pour lui raconter toutes ces histoires et envisager une demande de dommages et intérêts. Je suis accompagné de ma sœur. Pendant l'entretien, au moment où je décris les sévices que j'ai subis, l'avocate me dit :
— Ce n'est pas possible. Un garçon de cinq ou six ans ne peut pas avoir d'érection.
Nous nous levons et nous partons, totalement anéantis.

Le procès d'Outreau continue de faire des dégâts.

Alors, je décide de me concentrer sur mon entreprise, car je suis en train de tout perdre. Ma boîte, où repose toute mon enquête, va rester fermée pendant plus de quinze ans, jusqu'en 2020. Pendant cette période, je me sens entre deux mondes...

4

MAMAN

— Tu vas finir vieille fille !

Ma grand-mère, Simone, ne supportant plus cette accusation, répétée jour après jour, épouse mon grand-père, un homme de mauvaise réputation, alcoolique et violent, habitant un petit village de campagne. Ils se sont rencontrés dans un bal. De toute façon, elle n'a pas vraiment le choix : elle est enceinte de lui. Ma mère naît le 6 avril 1952, dans une maison prêtée par les parents de Simone, séparée uniquement par un champ de la leur. Mon grand-père sort de l'armée, il n'a pas beaucoup de ressources. La demeure est totalement isolée, au bout d'un chemin, avec seulement une pièce, un sol en terre battue, un lit de chaque côté de la cheminée, un puits, des toilettes au fond du jardin.

Le grand-père est maçon, fume le tabac gris et se déplace à cyclomoteur. Ma grand-mère est couturière et travaille également à la ferme de ses parents. Elle est battue à coups de poing par mon grand-père. Elle sera découverte à plusieurs reprises devant le puits, voulant s'y jeter. Elle sera également retrouvée errant dans la ferme, sans doute pour chercher un moyen de mettre fin à ses jours... Son état physique et psychologique se dégrade de jour en jour, elle qui était si forte et combative. Elle contracte une leucémie.

J'ai un souvenir marquant de la violence de mon grand-père. Quand il buvait, il devenait complètement fou. Il battait les chiens à coups de pied et de pelle. Je me vois arrivant dans la cour, découvrant avec horreur un chien dont l'œil était sorti de son orbite, pendant au bout d'un nerf...

Ma grand-mère rentre chez elle, un jour, après un séjour à l'hôpital. Quelques membres de la famille sont réunis pour l'accueillir. Le grand-père est assis sur un banc, devant la maison, alcoolisé, comme toujours.

— Ah ! Bah la voilà, la mère ! glisse-t-il sans montrer la moindre volonté de l'aider.

Son oncle et sa tante se voient obligés d'aller la sortir de la Dauphine pour l'installer péniblement dans son lit.

À l'été 1956, ma grand-mère sait qu'elle va mourir. Dans le véhicule qui l'amène à l'hôpital de nouveau, elle a le temps de souffler à la tante de ma mère, Suzanne :

— Fais-moi la promesse de ne pas laisser mes deux filles dans les mains de cet homme.

Ma grand-mère meurt le 30 août 1956. Les parents de Simone décident de léguer la maison à ma mère et à sa sœur. Mon grand-père va y vivre gracieusement jusqu'à la fin de ses jours.

Le souhait de Simone est exaucé. Suzanne et son mari, Eugène, deviennent les tuteurs légaux de ma mère. Mais, comme ils n'ont ni le temps ni la place de les héberger, ma mère et sa sœur sont confiées à une famille d'accueil de 1956 à 1962, une veuve acariâtre, soi-disant bonne amie de ma grand-mère. Ma mère est accusée d'être responsable de la mort de cette dernière : sans sa naissance, ma grand-mère n'aurait jamais été forcée d'épouser mon grand-père et n'aurait jamais subi ses coups…

Pendant cette période, ma mère ne mange pas toujours à sa faim. Plusieurs fois, à l'école, elle fait des malaises, et ce sont des camarades de classe qui la relèvent. Quand il y a du poulet au menu, elle et sa sœur n'ont le droit de manger que le foie, qu'elles vomissent, sans surprise. Qu'à cela ne tienne, la veuve acariâtre leur sert leur vomi dans le pot de chambre de son petit-fils et les enferme dans le cellier, les obligeant à se mettre à genoux sur des bouts de bois. Ma mère n'a que quatre ans, sa sœur, trois ans…

Quand les devoirs ne sont pas finis et que la veuve acariâtre a décidé d'aller dormir, elle laisse les deux sœurs enfermées dans le noir. Elles cherchent alors la lumière de la lune pour tenter de travailler. Et pour n'importe quelle contrariété, comme un éternuement ou une simple maladresse d'enfant, elles sont mises de nouveau sur des bouts de bois pour être réduites au silence. Quand elles ont des cadeaux offerts par des proches, ils sont confisqués et donnés à d'autres. Elles doivent laver leurs chaussettes et leurs culottes dans un bac dehors, et ce, été comme hiver.

Quand il y a des invités, les deux sœurs sont contentes : le décor change, comme au théâtre. Tout devient « normal » pour faire bonne figure et cacher les sévices infligés.

Face à ces conditions abominables de maltraitance et de malnutrition, ma mère va développer un strabisme de l'œil droit qui va faire d'elle le vilain petit canard du village.

Un soir, lors de la toilette, les deux sœurs se plaignent que leur vulve les irrite. Une aubaine pour la veuve acariâtre, qui voit là une occasion de faire du mal au père des filles et de venger son amie, ma grand-mère. Elle va l'accuser de violences incestueuses. Une confrontation est organisée. La parole des enfants n'est pas entendue. Celle du grand-père non plus. Il fera tout de même un séjour en prison. Ces irritations étaient dues au papier journal qui sert de papier toilette…

En 1962, ma mère et ses cousines sont en colonie de vacances à La Baule. À leur retour, elles apprennent la mort de la veuve acariâtre. Soulagement. Suzanne et Eugène vont alors récupérer ma mère. L'école est à l'époque obligatoire seulement jusqu'à treize ans. Ma mère part donc en 1965 travailler comme bonne à tout faire auprès des sœurs, alors qu'elle voulait devenir coiffeuse. Elle rentre occasionnellement pour retrouver la famille. Puis elle va travailler chez des bourgeois, où monsieur Yvon lui fait subir plusieurs tentatives d'attouchements en forêt. Ma mère raconte tout à sa tante, qui la retire immédiatement de cette maison.

Avril 1970. Ville au château, au bout d'un grand boulevard, chez madame Houel, qui est veuve. Nouvelle famille. Ma mère se sent perdue, mal aimée et abandonnée. Elle travaille pour eux et s'occupe notamment d'une jeune fille handicapée cérébrale, Michèle. Madame Houel va se comporter comme une mère avec Noëlla. Elle l'autorise d'ailleurs à l'appeler ainsi. Et ses enfants la considèrent comme leur sœur.

Mars 1972. Ma mère est retrouvée par madame Houel, inanimée, dans la salle de bains. Elle a tenté de se donner la mort en absorbant des somnifères en grande quantité. Elle est transférée d'urgence à l'hôpital de la ville au château. Quelques semaines avant, s'étant sentie mal, elle a consulté un médecin, qui lui a annoncé qu'elle était enceinte. À part lui, personne n'est au courant de cette grossesse.

La mort semble être une solution pour ne pas avoir à donner d'explications, pour ne pas affronter le regard des autres. Fille-mère, mineure, violée… Trop d'étiquettes difficiles à porter.

À l'hôpital, alors que Noëlla sort de son coma, la tante Suzanne et le corps médical échangent sur la possibilité d'un avortement. Ils prennent la décision de ne pas y donner suite, craignant la réaction de ma mère et se disant que la grossesse peut la faire réagir et donner un sens à sa vie.

Madame Houel s'interroge sur l'identité du père. Ma mère évoque alors un vague compagnon, mais elle se rend compte que les dates ne correspondent pas. Elle prend alors conscience que Noëlla lui cache quelque chose.

À sa sortie de l'hôpital, ma mère est internée dans un centre psychiatrique pour un long mois. Tous ses déplacements sont accompagnés, jusque sous la douche. Elle se rend, en avril 1972, à la maison maternelle de Laval, dans l'attente d'aller à l'hôpital pour accoucher.

Elle ne dévoilera pas, à cette date, avoir été violée. Le poids du silence s'installe alors de manière profonde et pour une éternité... Elle n'aura la force de le faire que 30 ans plus tard. À Noël 2002.

Comme c'est dur pour elle ! Malgré mes souffrances, j'aurais tellement aimé être à sa place pour lui épargner toutes ces horreurs et cette misère !

5

ENFANCE EMPÊCHÉE

Je vois le jour à la maternité de l'hôpital Saint-Julien, à Laval, le 12 août 1972, à 23 heures, dans des circonstances tragiques. Quand ma mère arrive pour accoucher, les médecins lui disent qu'il va falloir se battre pour ma survie et la sienne. Ils décident de me faire naître prématurément pour la délivrer de son mal-être. Le jour de l'accouchement, elle se libère enfin du poids de ces huit mois où elle a vu son ventre grossir, lui rappelant, jour après jour, les plus épouvantables côtés de l'homme…

Je ne pèse que 2,6 kilos. On me place dans une couveuse pendant trois semaines. Ma mère est absolument seule.

À sa sortie de l'hôpital, elle retourne à la maison maternelle. Je l'y rejoins deux mois après l'accouchement. Elle n'a ensuite aucune autre solution que de retourner vivre chez son père. Face à sa violence, elle ne reste qu'un mois et quitte les lieux en catastrophe, me serrant fort dans ses bras. Nous nous réfugions chez une cousine éloignée. Nous sommes juste avant Noël 1972.

Elle trouve un poste d'ouvrière dans une usine de fabrication de fauteuils, puis un appartement. Pendant qu'elle travaille, je suis chez une nourrice, juste à côté de l'usine. Elle rencontre Georges, un Antillais déjà marié, mais soi-disant en instance de divorce, et père de quatre enfants. Il lui promet monts et merveilles. Ma mère va tomber enceinte pour la deuxième fois. Quand elle l'annonce à Georges, il lui révèle sa vraie situation. Noëlla est anéantie. La femme de Georges débarque quelques jours plus tard à son domicile pour la tabasser. Face à cette situation dangereuse, l'assistante sociale demande à ma mère de quitter les lieux. Elle est admise en maison de repos. Elle entre une nouvelle fois à la maison maternelle de Laval, le 1er août 1973. Pour ma part, je suis placé en foyer de l'enfance pour six mois.

Ma mère apprend que, pendant qu'elle était avec Georges, il a eu plusieurs maîtresses alors qu'elle lui vouait une confiance absolue. Elle l'a même présenté à son père. Pourtant, à l'usine, tout le monde savait. Georges ira quand même voir sa fille en famille d'accueil.

Ma mère accouche le 22 décembre 1973 de ma sœur Angèle. Quelques semaines après, à la maison maternelle, où elle s'est réfugiée une nouvelle fois, elle rencontre Marie-Thérèse. Cette femme battue, démunie, qui attend un deuxième enfant, la comprend et la soutient. Elle finit par l'aider à écrire une lettre au président de la République, où elle explique sa situation de femme seule, sans ressources, sans famille, avec deux enfants. Elle reçoit bientôt une réponse avec une approbation pour recevoir de l'aide.

Angèle et moi sommes placés dans une pouponnière à l'IME Hallouvry, à Chantepie, le 21 février 1974. Ma mère réside dans le foyer d'accueil Marie-Joseph, 28 rue des Tanneurs, à Rennes. C'est un lieu où sont hébergées des femmes sortant de prison.

« La jeune fille originaire de [...] était suivie par madame Richard. Cette dernière l'a fait admettre à la maison maternelle de Laval où elle a accouché de son deuxième enfant. La jeune femme désirait trouver du travail dans la région de Laval. Son retour n'est pas souhaitable, les pères des enfants vivant dans la région. Après de nombreuses démarches, elle s'est décidée à venir à Rennes. Madame Richard vous a donc téléphoné pour vous demander un accord verbal afin de faire admettre les deux enfants à Chantepie comme RT[2] pendant que la mère était admise au foyer des Tanneurs. La jeune femme désire travailler et reprendre rapidement ses enfants pour les mettre en nourrice. Madame Richard va l'aider dans ses démarches. Le RT peut être fait pour deux mois. Aucune participation, la mère ne travaillant pas. »[3]

Ma mère n'a pas de travail. Nous sommes à la charge de la DDASS. Cette dernière souhaite qu'Angèle et moi ne soyons pas séparés, et encore moins placés dans un foyer. Elle veut que nous soyons confiés à une même famille d'accueil. L'une d'entre elles se présente pour nous prendre tous les deux.

---

2 Renouvellement Temporaire, dans le cadre de la prise en charge par l'Aide sociale à l'Enfance.
3 Extrait des archives départementales de la DDASS, 25 février 1974.

Le 20 juin 1974, je rejoins, avec Angèle, ceux que l'on appellera bientôt « Tatie » et « Tonton » dans la ville au canal. La famille a quatre enfants : une fille aînée de treize ans, deux fils de douze et dix ans, et une dernière fille de sept ans. Une famille qui joue les bourgeois bienveillants alors qu'ils sont des bourreaux.

« Les enfants sont très éveillés, ouverts sur le monde extérieur. La relation enfants-nourrice s'est bien accomplie. Emmanuel est un garçon très souriant non craintif, il va vers l'adulte. Actuellement [...] l'emmène pour la matinée à l'école publique de [...] Selon le maître, Emmanuel est bien intégré au groupe et ferait un peu figure de leader. Madame Breton compte reprendre Emmanuel quand il ira définitivement à l'école. La famille semble unie, ce qui a favorisé l'intégration des deux enfants Breton. En raison de la difficulté relationnelle entre madame Breton et ses enfants, de son hésitation latente à les reprendre, nous préconisons une prolongation du RT pour un an. »[4]

Ma mère a le sentiment d'être privilégiée. Sans ressources, elle se sent redevable : une famille d'accueil a quand même été trouvée. Elle considèrera longtemps cette famille comme des sauveurs...

Les services sociaux pressent ma mère pour qu'elle trouve un travail et un logement. Un jour, l'une des sœurs lui indique que l'hôtel Le Cheval d'or, face à la gare, recherche une femme de chambre. Elle est embauchée en septembre 1974 et va y

---

4   Extrait des archives départementales de la DDASS, 13 novembre 1974.

travailler pendant trois années. Elle peut alors quitter le foyer des sœurs pour habiter dans une chambre – plutôt un taudis – rue Vasselot.

Je n'ai pas le moindre souvenir d'avoir passé du temps seul avec elle. J'ai l'impression que je n'ai pas de parents. Je ne vois pas non plus d'assistante sociale. Jamais. Aucune. Je m'assois devant le trottoir de la maison et j'attends, j'attends, j'attends qu'on vienne me chercher… Et je souffre, je souffre, je souffre. Je souffre infiniment. Après la rue Vasselot, ma mère occupe un second appartement rennais, rue Dupont-des-Loges, un logement très étroit où l'on ne peut mettre que deux lits, selon ses dires. Le manque de place, le froid… Autant d'alibis pour ne pas nous reprendre. Pendant cette période, ma mère nous récupère quelques week-ends ou pour les vacances. Angèle est plus petite et le logement, trop exigu, ne permet pas de nous accueillir tous les deux ensemble. Elle vient uniquement durant la journée, souvent le dimanche. Pendant des vacances, mon oncle manifeste son désir de m'adopter… dès mes deux ans.

Ce deuxième appartement subit une inondation. Ma mère fait alors une demande de logement social et en obtient un au Foyer rennais.

Angèle et moi restons quatre ans dans cette famille d'accueil, entre 1974 et 1978. À cette période, ma mère s'enfonce dans une misère de plus en plus profonde, à tel point que la famille d'accueil fait des demandes répétées de frais de vêture. Dans ma tête, j'ai l'impression d'être déjà un adolescent. Je me sens orphelin. Quand ma famille d'accueil parle de ma mère, elle nous répète inlassablement qu'elle nous a abandonnés. Avec Angèle, nous sommes terrorisés. Nous n'avons rien, nous sommes perdus. Nous ne pouvons pas parler, nous ne pouvons rien faire. Nous sommes muselés. Pieds et poings liés.

6

MACHINE À LAVER

J'ai peut-être deux ou trois ans. Je ne sais pas exactement. Mais je suis en maternelle. Régulièrement, les dimanches matin, Tonton vient nous réveiller, Angèle et moi, et nous emmène aux toilettes. Il y a une petite buanderie avec un lavabo et une machine à laver. Il assoit l'un de nous deux sur la machine pour qu'on ne puisse pas s'échapper. Il pratique alors des attouchements sur celui qui n'est pas sur la machine, avant de s'occuper de l'autre. Il exerce une immense pression sur Angèle et moi. Il nous répète inlassablement de ne pas divulguer ce qu'il se passe, sinon il nous « grondera ». Puis les attouchements se transforment en masturbation et en fellations.

Après plusieurs dimanches, l'ordre va devenir important. Il s'occupe de moi en premier, puis d'Angèle. C'est à partir de ce moment-là qu'il me demande de retourner dormir avec Tatie. Très vite, je ne l'intéresse plus, comme s'il se rendait compte de la gravité de ce qu'il fait, et surtout que je vais bientôt déranger. Jamais Angèle ne retournera dans le lit de Tatie.

Impossible pour moi, pendant des décennies, de supporter ce bruit d'essorage. Impossible pour moi de faire tourner une machine à laver. Ma sœur a un an de moins que moi. Pour acheter notre silence, tous les dimanches, il nous amène au marché pour nous offrir des bonbons au miel, puis il nous enferme dans sa voiture pendant qu'il se rince au PMU.

Je me souviens de toutes les fois où je me retrouve seul sur la balançoire, dans le jardin ou dans la cabane, et plus tard dans son atelier, où il me laisse bricoler avec ses outils. Ou sous la fenêtre de la cuisine, dehors. Je monte des maisons en briques avec du plâtre, un jeu de construction qu'il m'a offert. À chaque fois, pendant ce temps-là, il est avec ma sœur. Une fois ses actes terminés, il me rejoint pour savoir comment je vais. Il est étrangement aux petits soins... Angèle nous retrouve longtemps après, sans doute le temps de sécher ses larmes...

Et toutes ces fois où je vais jouer aux petits soldats chez mon ami et voisin Frédéric. Il a une sœur du même âge qu'Angèle, Corinne. Ma sœur ne vient jamais. La famille de Frédéric me demande souvent pourquoi. J'arrive toujours à éviter la conversation. Les rares fois où ma sœur nous rejoint, c'est quand Tatie est là. Je comprends vite que seule sa présence peut arrêter tout ça.

Personne ne sait que je sais. Bien souvent, tout le monde me croit hors de la maison, et pourtant... Je suis horrifié de voir tout ce qui se produit dans cette chambre aux rideaux épais. Du haut de mes six ans, je cherche toutes les solutions pour que cela s'arrête. Un jour, j'entre dans la maison en faisant le plus de bruit possible. Je tape des pieds, je claque les portes, je siffle, je crie le prénom de ma sœur... Et lui, il sort de la chambre précipitamment... en slip kangourou blanc et chaussettes noires à mi-mollet. Ridicule.

L'horreur ne s'arrête jamais. Tonton n'est pas le seul. Un jour où les deux fils sont supposés nous surveiller, je suis envoyé chez mon voisin pour jouer aux petits soldats. Mais il est absent, alors je décide de revenir à la maison en passant par les jardins pour échapper à leur vigilance. Je me doute de quelque chose. Un de leurs amis est là aussi et sait ce qu'il se passe. Des précédents ont dû avoir lieu et je cherche à confirmer mes doutes. J'entre dans la maison, marche dans le long couloir pour regarder par le trou de la serrure de la fameuse chambre aux rideaux, celle où Tonton abuse de ma sœur habituellement. Je suis tétanisé. Choqué. Ma sœur se fait violer par l'un des frères. Mes doutes étaient fondés. Je pars en courant et décide de revenir par la porte d'entrée. L'autre me rattrape et m'empêche de rejoindre Angèle. Face à mon insistance, il me met d'énormes gifles en pleine figure. Je le menace de dire à ma mère qu'il me frappe. Il me répond que ma mère est une prostituée, qu'elle nous a abandonnés... J'ai longtemps cru que le père et les fils ne savaient pas ce qu'infligeaient les uns et les autres à ma sœur. En fait, si. C'est bien pire.

Un jour, Tonton et ses deux fils sont à la maison. Tatie n'est pas là. Je surprends le père en train d'abuser de ma sœur alors que ses deux fils sont présents.

Alors que Tonton est revenu depuis longtemps dans la pièce principale, je décide d'aller de nouveau regarder par le trou de la serrure. Je vois le fils aîné violer Angèle. Puis ils s'y mettent chacun à leur tour. Horreur absolue. Et cette fois où ils abusent de ma sœur tous les trois en même temps, Tatie arrive d'on ne sait où… Dans la panique, ils balancent Angèle dans la piscine gonflable. Elle se met à pleurer. « Elle a peur de l'eau » seront leurs seuls mots…

Une autre fois, c'est la cadette de la famille qui rentre plus tôt de l'école. Angèle est complètement nue. Ils décident de l'enfermer dans le placard de cet interminable couloir si glauque. La cadette la cherche :
— On fait un cache-cache, elle est en train de gagner…
Atmosphère lourde et asphyxiante. Comme si le père enseignait l'inceste à ses enfants. Les fils ont quatorze et seize ans. Ils viennent juste d'avoir leur 103 SP, qui leur sert à se rendre à leurs entraînements de basket.

À cette période, les viols sont hebdomadaires, pour ne pas dire journaliers. Angèle pense que c'est normal. C'est bien plus tard, en grandissant, qu'elle comprendra…

Je fais des trous dans mes couvertures avec mes doigts tout en suçant mon pouce. Afin que j'arrête, la nourrice me coud un doudou en laine, une souris verte. Elle me fabrique cette souris parce que, lorsqu'elle me met debout sur la banquette, dans la cuisine, je chante *Une souris verte* et *Dans la forêt, un grand cerf* devant tout le monde. Elle dit que j'apporte le plus grand bonheur à toute la famille. Je ne peux plus entendre ces chansons. Elles me terrorisent. Nous avons trop peur de tout raconter à Tatie. Trop peur que Tonton nous le fasse payer.

Pendant cette période, je n'ai pas de souvenirs de ma mère, même si elle nous récupère quelques week-ends pour rejoindre sa famille, où je fais également des trous dans les couvertures. Pour un Noël, un anniversaire, un mariage… C'est lors de ces occasions que mon oncle commence à abuser de moi. Je subis alors exactement ce qu'endure Angèle dans la famille d'accueil.

Mon oncle. Deux paquets de Gauloises brunes par jour, buveur de pastis, fan de Johnny Hallyday et de voitures. Doté d'un fort embonpoint, plombier de son état. J'ai encore l'odeur de ses cigarettes et de son pastis en mémoire. Il est agréé « famille d'accueil ». Il a eu deux filles et accueillera deux enfants de la DDASS. Il est abject, malsain, vulgaire, méprisant, répugnant. Il parle toujours de sexe, met régulièrement des mains aux fesses et aime peloter les seins de la petite fille qu'il garde. Il a l'ongle de l'index tout noir, à la suite d'une blessure. Cela me dégoute. Avec sa « sale tête », il me répète inlassablement que, si je parle, je serai jugé et puni. J'ai peur de lui jusqu'au 4 décembre 2020.

Quand on dort chez lui et qu'il veut passer une soirée tranquille, il sépare les enfants dans deux chambres, dont la sienne, pour éviter le chahut. Il prétend être fatigué pour aller se coucher plus tôt que sa femme ou ses convives. Il me ramène toujours en dernier. Je dors toujours dans son lit. C'est à ce moment-là qu'il abuse de moi. Il pratique des caresses. Il m'embrasse avec sa langue, m'enlace jusqu'à m'étouffer, allongé sur moi.

Puis, très vite, apparaissent les préliminaires. Il me demande de le masturber et de pratiquer des fellations. Mais ce qu'il préfère, c'est me décalotter, casser le fil, pour que mon sexe ressemble à celui d'un adulte. Je souffre énormément, mais il s'acharne en disant que, si on casse le fil, je serai un homme.

À chaque fois qu'il abuse de moi, je fais exprès de mal m'y prendre, quitte à ce qu'il me frappe. J'essaie de trouver des solutions pour que cela s'arrête. À plusieurs reprises, je tente de le mordre.

En sa présence, dès qu'il peut s'isoler, je dois le rejoindre dans le lit conjugal. À la fin de ses actes, il n'hésite pas à m'éjaculer dessus. Cela arrive aussi ailleurs, sur certains lieux de vacances. L'été, il aime mettre tous les enfants nus pour jouer dans le jardin. Et toutes ces fois où il est seul dans la maison... Je me cache dans les combles, où se trouve une trappe murale. Je l'entends me chercher. Je suis pris de tremblements, je m'urine dessus.

Il pratique le chantage et m'offre des cadeaux après chaque acte. Au début, ballons, cerfs-volants, camions... Il établit certainement une échelle de la gravité de ses agissements. Les cadeaux se transforment alors en paires de chaussures, en vêtements... La violence et la durée de ses actes augmentent... Et puis, un jour, l'argent remplace les cadeaux, devenus quasiment quotidiens et trop visibles.

— C'est notre secret. Si tu en parles, tu n'auras plus de cadeaux. Personne ne voit quoi que ce soit ni ne le soupçonne.

Je suis détruit par ce que je subis dans la ville au canal. Je suis détruit par ce que j'y vois. Je suis détruit par ce que me fait endurer mon oncle. Aucune échappatoire possible. Elle est violée dans la famille qui nous accueille au quotidien. Je suis violé dans la famille qui m'accueille en vacances. Et pourtant, mes lectures sont celles des enfants de mon âge. Je dévore les aventures de Petit Ours Brun dans mes *Pomme d'Api*.

7

RUE DE LA PAIX

1977. Ma mère habite au Foyer rennais, 10 rue de la Paix. Tu parles d'une adresse ! C'est plutôt la cour des Miracles. Il est décrit comme « une cité d'habitation à bon marché (HBM) constituée de treize immeubles collectifs construits en 1933 par Emmanuel Le Ray [...] ; le concept, par ses intentions sociales, est très novateur pour l'époque. La priorité est donnée à la qualité de vie de ses résidents et une place non négligeable est accordée à l'espace commun pour favoriser la convivialité et les relations de voisinage. Inspiré des cités-jardins, le Foyer rennais est le seul exemple à Rennes de ce type d'architecture. »

Été 1977. Ma mère rencontre Régis, qui effectue son service militaire à la caserne Foch, juste à côté du Foyer. Il dort désormais tous les soirs chez elle. À cette période, elle arrête de travailler au Cheval d'or. Elle est embauchée par la Ville de Rennes comme femme de service dans les écoles. Ma mère attend alors son troisième enfant, Steven. Le 1er février 1978, fin du service militaire : Régis s'installe avec ma mère. Il est employé comme boucher au centre Leclerc, route de Lorient, où il signe un contrat. Steven naît le 10 août 1978. Noëlla et Régis programment leur mariage pour le 4 octobre 1978.

Depuis le début de l'année, ma mère et Régis sont reçus par la famille d'accueil, et ils nous hébergent aussi rue de la Paix les week-ends. Fin du premier semestre 1978. Tout est organisé pour nous récupérer : un logement décent, une union officielle, un foyer rassurant... Pour moi, c'est enfin un endroit sécurisant, avec le premier homme en qui je vais avoir confiance. C'est la première fois que je ressens de l'amour de la part d'une figure paternelle. Et ma mère a enfin un homme qui reconnaît l'enfant qu'elle porte.

Nous sommes radiés de la DDASS, même si la famille d'accueil fait tout pour qu'Angèle continue de vivre chez elle. Ils prétextent que, « pour son équilibre », elle sera mieux chez eux pour finir sa scolarité en maternelle dans la même école. Ils avancent aussi que ma mère aura du mal à élever trois enfants d'un coup. Nous ferons bien notre scolarité à Rennes, à l'école Villeneuve, moi en CP et Angèle en grande section. En février 1980, ma mère attend un nouvel enfant. Nous emménageons au 7, rue de la Paix, juste en face, dans un appartement un peu plus grand. Émilie naît au mois d'avril. Son baptême est célébré le 13 juillet 1980, dans l'église des Sacrés-Cœurs de Rennes, en même temps que celui d'Angèle. Ce jour-là, les deux prédateurs, Tonton et mon oncle, sont présents, au berceau de leurs victimes. Et Tonton est le parrain d'Angèle.

J'écoute de la musique en boucle sur le tourne-disque. Ma mère me fait découvrir Jacques Brel et Édith Piaf. Et puis cette pochette jaune. Mike Brant. Je suis installé dans une mélancolie profonde. Inconsciemment, je me réfugie et me retrouve dans les paroles de quelqu'un qui va très mal, de profondément seul.

Un jour, j'ai huit ans, et ma mère tombe malade. Le médecin de famille est à son chevet. Une bonne angine. Elle profite de l'occasion pour l'avertir que Régis ne peut plus fermer son pantalon. Le médecin va l'ausculter et s'aperçoit qu'un testicule est particulièrement enflé. Dès le lendemain, Régis se présente à la clinique Saint-Vincent, où, devant l'urgence, les médecins le garderont pour l'opérer au plus vite. Quelques semaines après, il revient à la clinique pour des examens de contrôle. Un cancer est diagnostiqué en octobre 1980. Il commence une chimiothérapie qui durera trois ans. Tous les trois mois, il a trois semaines de chimiothérapie à faire. Il se rend à la clinique, fait son traitement et, une fois que c'est fini, au lieu de rester à l'hôpital, il part travailler pendant deux semaines. La troisième, il est trop fatigué pour y retourner. C'est une vraie force de la nature. À l'hôpital, tout le monde l'appelle « le phénomène ». Quelquefois, le traitement à peine fini, il se lève pour partir travailler. Alors que tout le corps médical tente de le retenir, il répond :

— J'ai une famille à nourrir.

Le cancer de Régis va permettre à Tonton et à mon oncle de se montrer de plus en plus présents. Nous allons passer davantage de temps chez eux pour « soulager » Régis et ma mère. De plus, Tatie a repris le travail depuis notre radiation ; elle n'est donc plus présente. Cette prise en charge est surtout faite pour abuser de nous. Et pour qu'ils se soulagent, eux…

8

L'INCONCEVABLE

Dans mon carnet de correspondance... Cela commence bien, pourtant. En CP : « enfant très intéressant à l'esprit vif ». Puis en CE1 : « élève vivant et actif », « Emmanuel est bien parti, il a bien progressé », « qu'il n'oublie pas de lire pendant les vacances ». Pendant l'été, je n'aurai pas vraiment le cœur ni la tête à me plonger dans un livre...

Cet été-là, je pars seul en vacances chez mon oncle. Il se pavane à la fenêtre de sa chambre, située à l'étage, torse nu. Il me fait signe de monter. La famille a, en plus de sa fille, deux enfants à charge, frère et sœur, comme Angèle et moi. Je joue avec le garçon sur le parking, en face de la maison. On ne sait pas qui mon oncle appelle. Le garçon est tétanisé. Mais il est insistant et je suis obligé de rentrer dans la maison. Je monte. Je ne veux pas, à cause des précédents. Je sais ce qu'il risque de m'arriver.

Je me dirige jusqu'à sa chambre. Il est déjà nu, allongé sur le lit conjugal. Il se lève, ferme la porte à clef. Il me demande de me déshabiller et de le rejoindre. On se retrouve tous les deux nus sur le lit. Il me demande de m'allonger sur lui. Il me force à l'embrasser avec ma langue. Il me caresse, me demande de lui faire une fellation, puis m'en fait une. Ensuite, il me demande de m'asseoir sur lui, place son pénis entre mes cuisses, que je dois serrer très fort. Il se masturbe entre mes cuisses, puis me demande de me mettre à quatre pattes. Il me viole avec ses doigts. Puis il me sodomise. Je souffre atrocement, une douleur indéfinissable. Face à cette douleur inimaginable, je simule l'envie de déféquer, puis je me force pour qu'il arrête. Il devient agressif, violent, me traite de tous les noms, me nettoie les fesses et recommence. N'arrivant pas à ses fins, il me demande une dernière fellation. Je n'ai pas d'autre choix que d'avaler son sperme tellement il appuie fort sur ma tête avec ses deux mains.

Et que dire de ses va-et-vient, que même les saignements n'arrêteront pas…

C'est ce jour-là que je suis mort.

État de sidération :
« Le fait de ne rien pouvoir dire quand cela arrive pour la première fois, c'est comme si on donnait à l'autre le droit de continuer… D'ailleurs, c'est ce qu'ils nous disent : "Tu n'as rien fait pour m'en empêcher." »
« Le viol génère un trauma, cela génère un stress extrême qui peut nous faire mourir. Pour ne pas mourir, le cerveau disjoncte pour déconnecter les émotions. C'est un système de base universel au niveau du trauma. La disjonction, on appelle cela en fait la dissociation, il peut parfois s'agir de répression. »

« Je me voyais comme au-dessus de la scène, au-dessus de mon corps, je ne ressentais rien, j'étais hypnotisé. Toujours la même image, je me voyais mort, c'était ma façon de ne pas souffrir. »

« On est dans une situation atroce, on est comme spectateur, déconnecté de l'événement, comme si on assistait à la scène. C'est un état de choc traumatique, la dissociation. Et quelqu'un de dissocié, c'est quelqu'un qui n'a pas d'émotions et est en grande incapacité de pouvoir se défendre. Quelqu'un de dissocié, vous lui dites : "Tu te déshabilles", il se déshabille. "Tu te mets à genoux", il se met à genoux. "Tu ouvres la bouche", il ouvre la bouche. La dissociation crée une emprise immédiate. La dissociation, et c'est ça le propre de l'inceste, peut durer un an, trois ans, cinq ans, dix ans, vingt ans, trente ans, quarante ans. Parce qu'on peut rester en contact avec le système agresseur toute une vie. On peut rester dissocié toute sa vie. »[5]

À l'école, les appréciations montrent que je suis désormais incapable de me concentrer. « La note d'éveil (4/10) s'explique par l'inattention d'Emmanuel en début d'année scolaire », « manque d'attention et manque de soin », « le travail d'Emmanuel reste souvent superficiel », « Emmanuel ne s'est pas surmené au CE2 ; s'il continue, il ne suivra pas en CM1… » Je déchire mon carnet de correspondance pour masquer les notes du dernier trimestre et le classement. Reste quand même le français, et surtout les phrases versifiées : « Un effort sérieux pour la poésie ! » La poésie, avec ses mots choisis,

---

5   Charlotte Pudlowski, *Ou peut-être une nuit*, une série de podcasts adaptée en livre, paru aux éditions Grasset en 2021.

me rassure. Elle me projette peut-être déjà dans l'envie de raconter mon histoire...

Au foyer, tous les habitants sont cabossés, usés, amochés. Il y a toutes les nationalités. Je côtoie plusieurs communautés, des Vietnamiens, des Portugais, des Turcs... C'est la misère la plus absolue. Tous les jours, les flics débarquent, les ambulances déboulent. Un jour, une personne saute du troisième étage pour se supprimer. Moi, je veux jouer aux durs. Avec ma bande, on se met à fumer des clopes. Je commence à traîner de plus en plus tard... Avec les copains, j'aimerais bien m'inscrire au foot, à Bréquigny. On fraude pour prendre le bus, on guette le contrôleur. Ma famille ne peut pas non plus payer la licence. Il va falloir trouver d'autres occupations...

Je pensais que tout s'était arrêté en 1978.

Sauf qu'en thérapie...

Samedi 27 juin 1981. Une cousine de ma mère se marie à la mairie de Crennes-sur-Fraubée, en Mayenne. Les festivités continuent à Villepail. C'est un mariage de l'après-midi : grand chapiteau, parquet de bal au sol, longues tables blanches. Dehors, un barbecue est dressé pour une centaine d'invités. Le mariage se déroule dans une ambiance festive, les chanteurs défilent autour des tables. Les enfants jouent au football ou courent entre les invités. Personne ne reste pour dormir, tout le monde doit repartir le soir même. Beaucoup de voitures attendent d'ailleurs les convives, garées sur un parking improvisé dans un champ. Ma mère et Régis n'ayant pas de véhicule, c'est mon oncle qui nous a amenés et qui doit nous ramener rue de la Paix, après le mariage.

C'est la fête sous le chapiteau... La nuit avance, je suis fatigué. On m'installe dans la voiture de mon oncle pour y dormir. Mon oncle fera de même quelques instants plus tard, faisant semblant d'être, lui aussi, fatigué. Un grand classique. Je suis réveillé quand j'entends les portes de la voiture s'ouvrir. Seul mon oncle est là. Je comprends instantanément ce qu'il va se passer. Il s'assoit sur le siège du conducteur. La fermeture centralisée s'enclenche. Nous sommes tous les deux enfermés. Enfin, surtout moi. Il me demande de lui pratiquer une fellation. Son pantalon est baissé, le mien également. Je n'en ai pas envie, mais il me force en appuyant ma tête sur son sexe. Il me met également un doigt dans l'anus. Puis il s'interrompt, car des invités sont venus le déranger dans son ignoble besogne. Pendant qu'il me viole, il guette en même temps si quelqu'un arrive. Dès que quelqu'un approche, on ne doit plus bouger. Je fais tout pour ouvrir les portes... pour essayer d'échapper à ce piège.

Je me vois dans un train, confié au contrôleur, et puis plus rien. Trou noir. En effet, quelqu'un (qui ?) m'y a mis pour que je retourne en vacances chez mon oncle. Il me garde pendant les vacances scolaires, petites ou grandes. Je n'ai même pas dix ans et je suis tout seul dans un train. Tout seul pour faire 250 kilomètres.

C'est un midi de semaine. Je suis dans le salon, assis à côté de mon oncle. On écoute Johnny Hallyday. Dans la maison, sa femme et les autres enfants sont présents. La porte du salon n'est pas fermée à clef. Il me fait boire de son pastis et prendre des taffes de sa Gauloise brune. Très vite, je me retrouve le pantalon jusqu'aux genoux. Lui a la braguette baissée et le sexe sorti. Il se passe ce qu'il se passe quand, soudainement, la femme de mon oncle entre dans le salon. Elle me voit remettre mon pantalon en panique. Mon oncle est beaucoup plus discret pour remettre sa braguette en place. Elle tourne alors la tête de l'autre côté de la pièce, comme si de rien n'était. Comme si cela n'existait pas. En état de choc. Elle sort du salon. Il rebaisse sa braguette. Pour recommencer.

« Si cette honte de n'avoir rien dit et cette peur de l'agresseur n'étaient pas suffisantes, il y a les autres. Les proches, ce sont les deuxièmes gardiens du Temple du non-dit. Qu'est-ce qu'ils font, eux ? Pourquoi ils n'entendent pas le père qui sort des toilettes avec sa fille en plein après-midi ? Et les bruits bizarres la nuit ? Ils n'entendent pas les lits qui grincent et les pas nocturnes dans les couloirs ? Les grands-mères n'entendent pas les maris qui descendent l'escalier pour aller violer les petites-filles ? Les frères n'entendent pas celui qui vient dans le lit de leur sœur ? Les mères n'entendent pas leurs filles qui disent qu'elles ont leurs règles toutes les semaines ? Face à l'inconcevable, tout le monde a intérêt à se taire. »[6]

Et cette fois où nous sommes dans sa chambre. Il vient d'abuser de moi. La totale. Comme d'habitude. Nous sommes encore nus quand il entend son voisin partir travailler. Le voilà qui se met à la fenêtre – la maison du voisin se trouve sur la gauche. Il lui raconte ce qu'il vient de faire. Très fier de lui. Il propose au voisin de monter nous rejoindre. Celui-ci lui répond qu'il est déjà en retard… Cela me plonge dans une

---

[6] Charlotte Pudlowski, *Ou peut-être une nuit*, une série de podcasts adaptée en livre, paru aux éditions Grasset en 2021.

gêne indéfinissable. J'ai honte. D'ailleurs, ce que j'ai le plus de mal à vivre, c'est qu'il se vante auprès de ses amis que je m'y prends bien pour le sucer, le masturber. Sans évoquer le reste... Que j'apprends vite. Je n'ai pas huit ans.

Pendant toute cette période, quand je suis en vacances chez mon oncle, la famille d'accueil peut « s'occuper » de ma sœur... Elle ne vient jamais en vacances avec moi. Quand je retourne chez Tonton et Tatie, je suis de nouveau le témoin de leurs agissements.

Je n'arrive plus à dormir. Cela devient une hantise. Un jour, je me demande encore comment je vais faire pour dormir, et surtout, ne pas faire de cauchemars, comme celui où je saute dans le vide.
Nous passons en voiture devant un immense feu de joie. Je colle mon front contre la vitre, fasciné. Je me dis que, ce soir, je penserai à ce feu. Le soir même, je me focalise sur l'image de ces flammes jaunes qui s'élèvent vers le ciel... et je m'endors. Un miracle.

Un soir d'hiver. Il fait nuit noire. Fernando, quatorze ans, me demande de monter sur son porte-bagages. Direction la ZUP sud. Nous arrivons devant un immeuble immense. Il pose le vélo, me demande de le suivre jusqu'aux caves. Il a une lampe torche à la main. Nous passons devant plusieurs portes. Devant l'une d'elles, il sort une grosse pince coupante de son sac et fait sauter la chaîne. À l'intérieur... un vélo ! Il me demande de le prendre. Nous filons, chacun sur notre bicyclette. Premier gros délit. Je suis haut comme trois pommes, pourtant.

Je tue des chats à coups de lance-pierre. On s'acharne sur eux, et puis on les enterre… pour les déterrer encore et encore. Il faut être sacrément perturbé pour agir de la sorte.

9

MONTFORT-SUR-MEU

Nous déménageons à Montfort-sur-Meu en 1982, pour mon dernier trimestre de CM1.

Montfort-sur-Meu. Un nouvel appartement pour moi, mais à la campagne. Le paysage extérieur est un peu plus apaisant. La rivière du Meu passe au pied des HLM des Grippeaux. Terrain de jeu idéal pour tous les enfants, certains plus âgés que moi. C'est avec eux que je traîne. Toute la bande joue au foot et part à la pêche. On va chercher le lait à la ferme, on joue à cache-cache dans le foin. Au mois de juin, on ne va plus à l'école et on campe au bord de la rivière. L'endroit est vu comme le quartier « chaud » de la ville. Pour moi, qui viens du Foyer rennais, je trouve que c'est plutôt du genre paisible. Et surtout, le racisme n'y est pas présent. J'ai tellement entendu que ma mère était « une pute » parce qu'elle vivait avec un homme blanc et avait une fille noire ! À l'étage du dessus habite Patricia, qui deviendra mon amie. Elle est Antillaise, comme ma sœur. Son frère Billy m'apprendra, lui, à danser et les premiers jeux de séduction. Avec eux, je ne sais pas pourquoi, mais cela devient plus facile pour moi d'avoir une sœur de couleur. Dans les HLM, personne ne fait de remarques sur la couleur de la peau.

Je partage alors le lit de Steven. J'ai un TOC avec mon petit frère : quand je suce mon pouce, je lui palpe le lobe de l'oreille pour me rassurer... Un jour, vers mes neuf ans, je me lève et je me décide – je ne sais pas vraiment pourquoi, peut-être parce que je me sens plus en confiance dans ce nouveau cadre de vie, peut-être pour protéger mon frère – à parler à ma mère. C'est la première personne à qui je me confie. Je sors de la chambre, je longe le couloir, j'entre dans le salon, où ma mère se trouve avec Régis.

— Maman, j'ai quelque chose à te dire. Mon oncle me touche toujours le zizi et je pleure. Je ne veux plus retourner en vacances là-bas.

Je ne peux pas expliquer les choses autrement, je n'ai pas les mots. Ma mère décide alors de l'appeler. Elle tombe sur sa femme et lui répète ce que je viens de lui raconter. Ma mère me croit. Je le sens. Mon oncle demande à me parler.

— C'est vrai, que je te tripote le zizi ?

Je réponds que « oui, c'est vrai », sans me démonter. Et il me raccroche au nez. Silence. Rideau.

D'ailleurs, un jour, il débarque avec sa voiture à la maison, avec un autre enfant, en partance pour l'Espagne. Il me regarde fixement en tenant le pauvre gamin sur les genoux. Il sait que nous ne partons jamais en vacances. Mon oncle propose à ma mère de m'emmener. Elle refuse. Je pleure. Je suis presque jaloux de ce garçon.

J'ai juste eu la force de dire qu'il me tripotait. Mais cela a suffi pour qu'il ne recommence plus, même s'il réessayera plus tard. Comme quand il me mettra sur ses genoux, dans sa R25, pour « m'apprendre à conduire ». Il profitera de cette position pour frotter son sexe contre moi. Apparemment, cela n'est pas si grave aux yeux de tout le monde, car nous continuons à le fréquenter. Je ne vais plus en vacances chez mon oncle, mais, quand il vient à la maison, il tente de recommencer. Si j'avais dit réellement ce qu'il me faisait subir, peut-être ne l'aurions-nous jamais revu. Pour Angèle, cela dure encore huit ans.

À l'école, les choses commencent à mal tourner. En CM2, je vole à mon maître, monsieur Paichard, des cigarettes brunes. À l'heure où certains crapotent sur des blondes, je fume déjà des brunes. Au niveau scolaire, je décroche. Je ne note même plus mes devoirs dans mon cahier de textes.

À la fin du mois d'août 1982, je me rends boulevard Pasteur pour m'inscrire au football. Les « grands » des HLM m'en ont parlé tout l'été. J'y rencontre Karim et Gwenaël, qui vont devenir mes grands copains d'enfance. Comme des frères. Il y a Yvonnick, aussi. Le football devient le rendez-vous incontournable. Une dose de joie quand on se retrouve. Je commence à construire quelque chose, sans doute une nouvelle famille... Nous sommes inséparables. Pour le meilleur, mais aussi pour le moins bon...

Premier coach, Dédé. Il a une voiture avec un petit chien qui bouge la tête sur la plage arrière. Il nous emmène toutes les fins de semaine à des tournois, quelquefois deux par week-end. On rafle tout. On ne revient jamais sans une coupe.

Pendant cette période, Régis n'a toujours pas le permis. Je dois à chaque fois justifier son absence. Les autres parents se chargent de m'emmener et nous soutiennent. Les miens ne viennent jamais, sauf quelquefois, à domicile.

Cela donne une force.

Dans l'équipe, certains, très doués, sont recrutés : Karim part à Bréquigny comme gardien et Yvonnick, au Stade Rennais, comme attaquant. Ce n'est plus pareil. Gwenaël et moi arrêtons le football cette année-là.

10

ANNÉES COLLÈGE

« Est complètement perdu. » Sur mon bulletin, une appréciation du prof d'histoire s'avère lucide. Perdu, je le suis. Complètement absent, même. Totalement ailleurs. Mes notes sont catastrophiques, sauf en sport. Toute la haine que je retiens peut s'y exprimer. Et les problèmes de santé ne me quittent plus. Déjà, en famille d'accueil, alors que j'ai cinq ans, je dois faire une radio du transit œso-gastro-duodénal. L'angle de His est anormalement ouvert. Je fais des crises d'acétone. En primaire, je mange mes ongles jusqu'au sang, je me mutile en m'enfonçant des agrafes dans les doigts. Au collège, j'ai les lèvres tout le temps gercées, des bobos sur le nez. Je donne des coups de tête dans les murs – j'en garde des bosses sur le front. Je suis bousillé, comme mort.

Et je souffre épouvantablement d'hémorroïdes. Impossible de m'asseoir. Je dois tout le temps me tenir debout. On me trouve agité. Quelle ironie... Je reçois régulièrement des colles. Mais à qui en parler ? À qui me confier ? Je prétexte alors un mal de dos. Les avertissements pleuvent aussi bien pour le travail que pour la discipline. La totale. Je redouble ma sixième au collège Louis-Guilloux de Montfort-sur-Meu. Mais l'école me fait quitter ma famille. J'y suis bien mieux.

Parce que, dans la ville au canal... l'horreur monte toujours plus d'un cran. Cette famille me tétanise. J'en ai une peur bleue. La peur, la honte, la culpabilité me rongent.

Depuis 1978, je ne veux plus y retourner. J'y vais de moins en moins. Angèle, elle, continue d'y séjourner, souvent les week-ends et pendant les vacances scolaires. À chaque fois qu'elle y va, c'est le même scénario : crises, pleurs... Elle ne veut pas non plus réintégrer la famille d'accueil. Mais notre mère, ne sachant rien, envoie à chaque fois sa propre fille dans la gueule des loups. Angèle et moi sommes tellement terrifiés ! Tonton sait mettre en confiance, terroriser ceux qui sont au courant, faire croire à un personnage pour tromper tout le monde, y compris sa propre femme. Il se dédouble, joue deux rôles. Un parfait manipulateur. De plus, notre mère se sent redevable pour tout ce que la famille fait pour nous tout au long de ces années, même s'il lui a aussi fait des avances...

L'arrivée de Steven et d'Émilie ne change rien. La famille d'accueil nous reçoit tous les quatre, toujours dans le but affiché de soulager mes parents, alors qu'il s'agit, pour eux, d'augmenter leur emprise. Une fois, Angèle est enfermée dans la maison. Nous sommes tous les trois dehors. Émilie insiste pour aller voir sa sœur. Je l'entraîne vers les champs pour partir à la recherche d'un hypothétique chien, que nous ne retrouverons évidemment jamais. Elle sait très bien qu'il n'y a pas de chien, mais elle préfère me suivre. Je pense qu'elle a bien senti qu'Angèle est en danger, et surtout que les personnes qui sont dans la maison sont de vrais méchants. Quant à moi, j'invente des histoires inimaginables pour protéger les miens.

Et que dire de cette fois où Émilie, cherchant sa sœur, entre à l'improviste dans la pièce avec cette porte en accordéon et tombe nez à nez avec Tonton et l'un de ses fils, au pied du lit d'Angèle ? Elle est nue. Elle se recroqueville sous sa couverture. D'énormes larmes coulent sur chacune de ses joues.

Quand vient la nuit – toutes les nuits, sans jamais s'arrêter –, dans une spirale infernale, les cauchemars reviennent. Des cauchemars extrêmement puissants et intenses. Mais toujours le même. Je tombe dans le vide. Tellement révélateur de ce que je vis, de ce que je suis : seul, en chute libre. Pas une main pour me rattraper. À chaque fois, je me réveille en sursaut juste avant l'impact. La scène paraît tellement réelle que j'ai du mal à croire à un cauchemar. Je crois dur comme fer que je suis en train de me suicider. Pour éviter ces rêves oppressants, je fais tout pour ne pas dormir. J'écoute ma musique en boucle avec mon Walkman : Deep Purple, *Child in Time*, Scorpions, *Still Loving You*... Je peux les entendre 30 fois d'affilée.

La situation financière familiale ne s'améliore pas. Nous vivons sur le fil du rasoir, en flirtant toujours avec la précarité. Les sacs d'aspirateur sont vidés pour être réutilisés jusqu'à ce qu'ils soient percés. Et, quand il n'y en a plus, on utilise le balai pour nettoyer la moquette pendant des semaines. Souvent, on compte chaque pièce jaune, et elles ne sont pas pour une célèbre collecte... Le vol s'installe alors dans mon quotidien.

J'en deviens accro. J'y cherche aussi l'adrénaline que m'a injectée l'inceste. J'ai toujours eu besoin de sensations extrêmes, d'aller flirter avec les limites, de jouer avec le feu… J'aime frôler le danger, l'interdit, l'inacceptable. Sauf que, là, je maîtrise les cartes. Je ne cherche pas à savoir si c'est bien ou pas. Cela m'aide à tenir debout. J'existe. Matériel de pêche, bonbons, babioles finissent dans mes poches. Mes fréquentations deviennent de moins en moins recommandables.

Régis est toujours en chimiothérapie. Un matin d'hiver, je l'entends vomir dans l'évier. Il n'a pas eu le temps d'arriver aux toilettes. Puis sa mobylette pétarade. Il fait moins de dix degrés. Il prend la route verglacée pour aller travailler vaillamment dans les abattoirs, quelquefois situés à des dizaines de kilomètres. Quel courage ! Pas beaucoup de mots entre nous, mais toutes les images sont à jamais gravées. Ne jamais se plaindre et ne jamais baisser les bras sont les valeurs qu'il m'a transmises. Il élève quatre enfants, dont deux qui ne sont pas les siens. Sacrée leçon de vie !

Premières boums, organisées par les « grands » des HLM. J'ai quatre ans de moins qu'eux. Souvent dans une maison d'un copain aux alentours ou au Foyer des jeunes, place des Marronniers. Premiers slows, premières conquêtes… Quand je suis avec une fille, je cherche l'affection. La souris verte qui me servait de doudou n'est plus. Comme elle était en laine, je l'ai totalement détruite. Je manque tellement de tendresse ! Je cherche d'autres formes de doudous… Et là, nous ne sommes pas dans l'interdit. Je prends aussi mes premières cuites.

Quand on est violé, on ne peut pas se concentrer. C'est absolument impossible. Impossible d'apprendre, alors.

Au collège, pour ne pas être embêté avec les notes, je vole les trousses et les offre à ceux qui veulent bien que je copie sur eux. La petite combine marche. Au troisième trimestre de ma deuxième sixième, j'obtiens pour la première fois un brillant « bon trimestre », seule et unique annotation de tout le bulletin qui ne me quittera pas jusqu'à la fin de la troisième. Grâce à ma combine.

À l'école, je n'apprends pas qui je suis. Je subis. En plus, j'ai l'impression que, pour être bien vu, il faut ressembler à tout le monde. Dans le cocon familial, c'est moi qui vais le plus loin dans le parcours scolaire. Je n'ai aucune référence. Aucune matière ne m'attire. Et puis, rapidement, l'école n'a plus aucun sens pour moi. Je suis perdu. Comme un fantôme. Je fais semblant d'aller bien. Tout mon esprit est tourné vers la vengeance. Jusqu'à vouloir tuer. Je n'ai qu'une envie : démonter les monstres. Bien loin de l'apprentissage que l'on attend de moi… En fait, je vois bien que les connaissances que l'on nous inculque ne vont pas me servir. En fait, je suis déjà beaucoup trop grand pour mon âge. Comment supporter l'autorité des adultes ?

Lemon Incest. Un zeste de citron. Cette chanson, écrite et interprétée par Serge Gainsbourg en duo avec sa fille Charlotte, sort en 1983. Le clip passe en boucle sur les chaînes de télévision depuis cette date. Tout le monde trouve la chanson géniale. Je la considère comme absolument écœurante, indécente et révoltante. Au-delà des paroles, les images me projettent dans mon propre inceste et celui d'Angèle. Les commentaires des personnes qui regardent le clip sont édifiants, je suis outré : « Charlotte est une salope », « c'est sûr, il baise sa fille », « il a le droit, c'est son père », « ce sont des conneries, tout ça, cela n'existe pas »… Je me sens tellement seul, absent du monde. Je prends de plus en plus conscience que je suis différent des autres. Et surtout, je ne suis pas près de parler… Quand on est mort, tout est fini. L'inceste, on croit que tout s'arrête quand l'agression s'arrête. Mais non. Au contraire, il te dévore jour après jour. Te ronge. On se dissocie pendant l'acte. Et on se dissocie de la réalité peu à peu. On est en fait dissocié toute sa vie. Un enfant qui a eu une enfance heureuse se dit : « Que vais-je faire de ma vie ? » Moi, je me demande comment je vais faire pour survivre.

Ma mère m'emmène à Rennes pour acheter des vêtements. Madame David nous accompagne. Nous arrivons dans un immeuble. À l'étage, plusieurs appartements, porte ouverte. Dans chaque logement sont empilées des tonnes de vêtements de seconde main, pantalons dans l'un, chaussures dans l'autre, un peu plus loin des blousons… On me demande de choisir ce qui me plaît. Je suis choqué, j'ai honte. Je ne supporte pas cette misère. C'est humiliant. En partant, dans le couloir, un portrait dans un cadre d'un monsieur avec une barbe blanche et un béret sur la tête. Merci, la Fondation.

Pour cuisiner, nous utilisons des bouteilles de gaz bleues. Nous n'avons plus aucun moyen. En pleine nuit, je pars avec une pince coupante. À 100 mètres des HLM, un magasin de bricolage stocke des bouteilles, sécurisées par des chaînes. Après avoir fait sauter ces dernières, j'en prends trois. Je les apporte une par une jusqu'à l'appartement, à la force de mes bras, du haut de mes douze ans. Plusieurs fois, je suis obligé de lancer la bouteille dans le fossé, et moi avec, quand je croise une voiture sur le chemin. Le lendemain, les bouteilles sont dans la cuisine. Chocolat chaud pour tout le monde. Dans le silence absolu. Et direction l'école, après une nuit blanche de vol. Ce que racontent les professeurs me semble bien décalé par rapport à ce que je vis.

À Rennes, les Restos du Cœur s'installent. Je suis en admiration devant Coluche. Mais je ne veux absolument pas que nous en profitions. La honte. C'est la goutte d'eau. Ce jour-là, je décide que je m'en sortirai coûte que coûte. Tout ce dont je vais avoir besoin pour moi, je vais me débrouiller pour l'obtenir. Je ne demanderai plus jamais quoi que ce soit à mes parents.

À Noël, comment faire ? Solution : je deviens le père Noël. Ou plutôt, Robin des Bois. Tout le monde a son cadeau. Au pied du sapin, les paquets dégoulinent – tout ce que j'ai pu mettre dans ma poche, sous mon pantalon... Je fais plaisir à tout le monde. Tous sont heureux. Je me sens comme un soutien de famille par procuration. Et cette sensation vaut tous les larcins. « À Noël, on ne pose pas de questions. » Ma mère a raison.

En cinquième, je vole le porte-monnaie de madame Deniau, professeur de sport. Voler un enseignant, c'est voler l'institution. Je suis en colère. Je suis renvoyé trois jours. Après le tabac, j'ai de nouvelles addictions. Je sniffe du K2r et des poppers.

Juillet 1987. J'ai 15 ans. Je pars en vacances en stop avec une fille de 20 ans sur la côte bretonne. Nous rejoignons ses amis punks. Je consomme du cannabis pour la première fois de ma vie, effrité dans le café.

Nous sommes alors quatre enfants. Le 20 juillet 1987, Cathy rejoint la famille. C'est un cadeau, car Régis, ayant eu un cancer, était censé être stérile, et ma mère ne prenait plus de précautions. De mon côté, je ne comprends pas qu'elle ait eu envie d'avoir encore d'autres enfants. Elle ne pouvait déjà pas s'occuper d'Angèle et moi...

Fin de troisième. Mercredi après-midi. Avec des copains, nous avons pour habitude d'aller à la piscine. Ce mercredi-là, nous ratons le car. On improvise alors un concours de « choure ». Chacun doit rapporter le maximum d'habits. Nous rentrons dans tous les magasins. À chaque sortie, un butin. Nous décidons de cacher nos trésors sous le gros arbre du parc municipal. L'un d'entre nous se fait prendre par les gendarmes. Il est obligé de dire où sont planqués les habits. Devant la caverne d'Ali Baba, mon copain doit donner les noms de tout le monde. Les gendarmes le font monter dans le panier à salade, parcourent la ville à la recherche de toute la bande. Nous nous retrouvons tous à la gendarmerie pour faire l'inventaire de ce que nous avons pris. Les parents sont convoqués pour récupérer les voleurs de fringues. Régis vient me chercher, permis tout frais en poche. Son arrivée sur le gravier restera mémorable, dérapage contrôlé...

Pendant cette période au collège, les copains se font de plus en plus nombreux. Avec Karim et Gwenaël, nous sommes inséparables. Je passe beaucoup de temps dans la famille de Gwenaël. Je passe régulièrement la nuit chez lui. Miracle, j'arrive à dormir. Ses parents m'acceptent comme je suis. Son petit frère devient comme le mien. Je découvre une vraie famille, avec des liens forts entre les êtres, de l'amour.

Les tantes et les oncles, les amis des parents, tous me prennent sous leur aile. Et il y a la grand-mère, Thérèse. Petit gabarit, tout le temps en train de rire, bon public à nos blagues d'ados, avec ce rire si communicatif qui résonne encore en moi. Et si cela lui arrive de nous gronder, personne n'est dupe ! Si gentille, elle est incapable de nous réprimander. Elle nous répète de petites phrases de la Bible que l'on s'amuse à dire à nos potes ensuite : « Dieu a dit : tu ne dois pas te moquer de ton prochain », « Dieu a dit : aimez-vous les uns les autres »... Elle nous enseigne le partage, la politesse et le respect. Elle va me donner une dose si importante d'amour, de générosité, à moi qui n'ai jamais eu de grand-mère. Le mot « donner » prend tout son sens avec elle.

Et pourtant, je ne découvre que le jour de son enterrement, à l'été 2022, qui elle est vraiment. Un début de vie compliqué, comme ma mère. Et j'apprends que, par la suite, elle est devenue famille d'accueil pour des enfants de l'IME ayant été abusés sexuellement, avant de s'occuper de son petit-fils. Je comprends mieux toute la complicité que j'avais avec cette femme exceptionnelle. Elle avait un sens. Forcément. La veille de son décès, dans sa chambre, Chantal, la mère de Gwenaël, lui glisse à l'oreille :

— C'est bon, maman, tu peux partir maintenant.

Cela me bouleverse. Je lui offre une petite rose, qu'elle pose sur la table de chevet. Chantal me confiera qu'elle a été mise dans le cercueil. Un geste tellement symbolique pour moi... Son départ me fait beaucoup pleurer.

Je me sens pourtant moins en colère. Apaisé. J'ai enfin trouvé ma place dans une famille qui sera d'un soutien inimaginable

pour moi. Je reprends espoir. Parce qu'au collège, quand on me demande de faire mon arbre généalogique, la page peine à se remplir. Je suis dans la cuisine, ma mère jette un coup d'œil.
— Qu'est-ce que je mets à la place de « père » ?
— Tu n'as qu'à mettre Régis !
Et pour le reste, tout se complique. Rien à remplir. À l'école, on me dit que je n'ai rien fait. J'ai juste envie de répondre : « Je n'ai rien fait pour mériter ça ! » Mais, si je n'ai pas de racines, pas d'arbre possible...

Une autre chose me fait du bien : le sport. Je ne le sais pas encore, mais il va me sauver la vie... Ma mère, pourtant très loin du milieu, m'ouvre les portes de toutes les compétitions que nous regardons ensemble à la télévision : Jeux olympiques d'été, d'hiver, où je me passionne pour l'élégance du patinage (et surtout Katarina Witt !), les Championnats d'Europe et du monde d'athlétisme, le rugby – surtout le Tournoi des Cinq nations, où je tremble pour Jean-Pierre Rives sortant en sang du match –, le Tour de France avec Bernard Hinault, le football, et notamment le Mondial 1982 avec France-Allemagne à Séville, où je finis en pleurs. Et puis, bien sûr, Roland-Garros 1983, avec la victoire mémorable de Yannick Noah. Ma mère me fait des mots d'excuse pour que je ne rate rien du tournoi. Comme pour les mois de juin de primaire, où je partais camper et pêcher avec sa bénédiction. Éducation plutôt spéciale...

Les liens avec la famille de Gwenaël se resserrent encore. Direction Belle-Île pour les vacances. Un rituel pour eux. Ils y rejoignent leurs meilleurs amis. Ce sont mes premières vacances loin de chez moi. La caravane attelée, direction

Quiberon pour prendre le bateau. Après la traversée, nous remontons dans les voitures pour nous diriger de l'autre côté de l'île, près d'Herlin. La route se fait de plus en plus étroite et sinueuse. Nous sommes obligés de descendre des véhicules pour vérifier si personne n'arrive en face. Et nous parvenons sur les lieux. Un champ dans un vallon près de l'océan. Décor de rêve pour moi qui vis en HLM depuis que j'ai été radié de la DDASS. Pas d'eau, pas d'électricité. On s'adapte. Les toilettes sont improvisées au bout d'un chemin dans les fougères. Quelquefois, on aperçoit l'agriculteur qui nous autorise à camper dans son champ. Il promène ses chevaux. Sinon, personne en vue. L'endroit est méconnu des touristes, il n'y a que nous. Nous sommes sur l'île, au milieu de nulle part. Le vallon qui nous entoure, rempli de fougères, bordé par l'océan, nous protège. Nous sommes chez nous. Les parents dorment avec les petits dans les caravanes, et nous, les ados, dans des canadiennes.

Côté activité, pêche tous les jours au programme. Au fond du vallon, un long chemin nous amène à l'océan, plage de Port-Blanc. C'est d'ici que tous les hommes embarquent sur un sardinier pour de longues virées. Les techniques de pêche s'enchaînent : on pose des casiers, des lignes, on remonte les filets, on mouline les lancers, on pêche à la mitraillette. Certains soirs, on va pêcher le congre au bord des falaises, au Pouldon. On s'adapte aux marées. On part quelquefois quand le jour vient à peine de s'installer, même quand les vagues nous dépassent. Et on revient souvent tout blancs... Tous les jours, on mange notre pêche. Les mamans se débrouillent pour accommoder bars, daurades, étrilles, dormeurs, maquereaux... et le dîner se transforme en spectacle. Tout le monde se régale dans une atmosphère de fête et de joie. Et, quand on ne pêche pas, l'après-midi, nous allons à la plage paradisiaque de Baluden. Avec Gwenaël, on se baigne et on joue aux raquettes en bois pour des parties interminables.

Sur cette île, je trouve de la douceur. Enfin. Nous sommes totalement isolés, en autarcie. Rien pour nous rappeler le rythme infernal de la vie du continent. Je me sens comme Tom Sawyer. Plus d'école, plus de remontrances, plus de punitions. On vit simplement, on mange notre pêche. Ambiance roots. Il y a de l'amour. De la solidarité. De la simplicité. Et la liberté.
Protégé.

11

ANNÉES LYCÉE

Septembre 1988. Je rentre au lycée René-Cassin, à Montfort-sur-Meu. Je suis complètement largué, passant du cocon de Belle-Île à la réalité. J'ai des idées noires, je n'ai plus goût à rien, plus envie de vivre. Et toujours ces cauchemars où je me jette dans le vide. Je regarde la mort, elle me tourne le dos. Je m'enfonce dans l'alcool. Je vole toujours, non plus pour soudoyer mes camarades afin d'avoir de bonnes notes ni pour mes propres besoins, mais pour l'alcool : gin, vodka, whisky, rhum… Je bois pour finir ivre et surtout, à chaque fois, pour finir par terre. Je me dégomme. Toute ma colère, je l'extériorise comme ça. Je fais parler le silence.

Je prends goût aux femmes. Au sexe. Nouvelle addiction. Pendant le collège, j'ai régulièrement une petite amie. Je le dis à mon oncle, pensant que c'est un motif pour qu'il ne me touche plus. Au contraire, cela ne l'arrête pas. En troisième, on commence sérieusement à avoir des relations sexuelles. Impossible pour moi de passer à l'acte. Dès que je sens que la jeune fille veut aller plus loin, je « casse ». C'est la première fois que j'associe les viols de mon oncle à des séquelles en moi. Je commence à me rendre compte que l'inceste, même s'il n'a plus lieu, va continuer de m'envelopper, de me gangrener.

Au lycée, je comprends que l'alcool m'aide à oublier mes peurs. Je couche avec beaucoup de filles, mais je ne participe pas aux partouses. L'idée de me retrouver avec un homme nu m'est insupportable. Comme cette fois où la fille de la prof d'histoire nous invite chez elle. Nous nous retrouvons sur l'étang, dans une barque. Les filles s'amusent à nous faire basculer. Nous tombons à l'eau. Tous trempés, nous nous réfugions dans la maison, mettons tous nos habits à sécher. Pendant ce temps, nous nous retrouvons tous les quatre dans la baignoire. Je comprends très vite les intentions de chacun. En deux temps, trois mouvements, je suis dehors, habillé, en train de faire du stop pour rentrer chez moi. Par contre, je peux passer la nuit avec une fille, avoir un rapport avec elle, puis me lever, partir dans une autre pièce et avoir un rapport avec une autre. Quand je suis avec une femme, j'ai besoin de plusieurs rapports dans la nuit. Je peux coucher avec plusieurs filles dans le même lit. Pas de temps pour dormir. Cette addiction s'arrête quand je rencontre ma femme.

Je joue au grand avec les femmes, et pourtant… Un matin, ma mère me raconte qu'elle est entrée dans ma chambre pour vérifier si je dormais. Elle m'apprend que je suce encore mon pouce. J'ai seize ans. Je pensais avoir arrêté depuis longtemps. Ce besoin de succion montre l'ampleur du manque affectif. De ce manque d'amour inconditionnel. Et de cette vie de paradoxes.

Tellement adulte, mais tellement enfant.

Cette première année de lycée, je suis complètement paumé. Rien ne va. J'ai envie de parler, d'exprimer ma colère, de me libérer de toute cette haine qui me pèse tant. Les études ne m'intéressent plus. Je ne pense qu'à me saouler d'alcool et de filles. Un vendredi soir, Tatie est là, à la sortie du lycée, à la demande de ma mère. Je monte dans la voiture. Elle me dit que je vais passer le week-end dans la ville au canal pour me reposer. Une nouvelle couche de silence s'ajoute aux précédentes. Comment le lui dire, à elle ?

Ne faisant plus de football, Gwenaël et moi prenons une licence de basket. Le Montfort Basket Club, mon école, mon refuge. Les parents de Gwenaël et son petit frère y sont déjà licenciés, comme joueurs et dirigeants. Comme je traîne avec Gwenaël depuis longtemps, on connaît bien les lieux et ses bénévoles. Je vais y rencontrer des gens merveilleux, comme cet homme, qui va devenir mon mentor, Maurice Broudic, dit « Momo », qui me donne envie de devenir éducateur. Au début, je veux être éducateur d'enfants spécialisé. Je souhaite m'occuper d'enfants qui souffrent parce que je souffre, mais j'ai peur qu'on me demande d'où vient cette souffrance. Un des agresseurs de ma sœur est devenu lui-même éducateur spécialisé. Inconsciemment, j'élimine cette possibilité, que j'associe au violeur.

Momo me fait aimer le basket. Le niveau social de chacun est gommé. Ce qui compte, c'est l'humain, qu'importe notre condition. Un élément profondément ancré en moi, grâce à lui, car, même si je réussirai plus tard, je n'oublierai jamais d'où je viens et je ne changerai jamais de comportement.

Je connais l'école de la rue, puis celle de l'association. J'y puise toutes les valeurs nécessaires. Je dois une fière chandelle à ce club. Momo nous entraîne et, très vite, nous responsabilise pour les entraînements des petits. Cet homme va m'apporter toute la confiance dont un enfant a besoin pour se construire. Sans me connaître, il me comprend tout de suite. Il sait nous donner le rôle qui nous convient parfaitement. On m'assigne très vite celui de me jeter sur les joueurs les plus dangereux. Il a compris ma rage. Je suis une véritable sangsue pour l'adversaire. Tel un lion qui bondit sur sa proie. Je pars en mission. J'utilise ma haine pour quelque chose de positif. C'est facile pour moi.

Dans ce club, j'apprends la politesse, le respect de l'autre et des règles nécessaires au bon fonctionnement d'une association. Alors que l'on me donne des responsabilités, comme entraîner, petit à petit, je prends conscience que le sport gagne de plus en plus de place dans ma vie. Je trouve aussi enfin un sens à mon existence. Une porte s'ouvre, un chemin se trace. J'aime le sport, j'aime transmettre. Je vais en faire mon métier.

Même si je redouble ma seconde, je ressens beaucoup d'amour depuis quelque temps. Un certain équilibre s'installe : ma famille de cœur, le Montfort Basket Club et Belle-Île pour un deuxième été, avec en plus une jolie première histoire d'amour.

Septembre 1991. Terminale. Je baigne toujours dans mes addictions, et malgré une deuxième histoire d'amour avec une jeune fille à laquelle je commence à raconter mon vécu, je suis au plus mal. Je pars alors vivre chez Gwenaël. Nos parents sont d'accord. Ils comprennent que je ne suis pas bien, mais personne ne m'interroge sur les causes de ce mal-être. À un intercours au lycée, un jour, je demande au professeur si je peux m'exprimer devant la classe :

— Je me sens différent, je sens que je ne suis pas sur le bon chemin. Alors, j'arrête l'école parce que le bac ne va pas me servir à grand-chose.

Le professeur m'arrête. Je ramasse mes affaires et je m'en vais. Je fugue en partant à Dijon en stop. J'y reste quinze jours. Je ne dis à personne où je suis. J'atterris chez un ancien copain du basket, qui a déménagé. Seule sa mère va prévenir la mienne et le club pour rassurer tout le monde. La même année, dans une soirée à Montauban-de-Bretagne, alors que je n'ai pas le permis, je suis saoul et je roule à contresens sur la quatre-voies en Renault 20.

Je fais quelques petits boulots et devance le service militaire pour partir en février 1992 dans la marine. Mais je sais que cela va être compliqué. Je ne supporte toujours pas l'autorité masculine. Je vis atrocement mal le fait que nous soyons tous rasés et tous habillés de la même manière. J'ai l'impression d'être un déporté. Je reste treize jours, dont dix en hôpital psychiatrique. Pyjama bleu, couverts en plastique, barreaux aux fenêtres. Il y a des appelés très dangereux. Je dors sur le dos avec mon sac posé sur le buste. Je vois deux psychologues, qui me disent que je ne finis jamais rien, ni ma terminale ni mon permis. Ils concluent d'un cinglant :

— Vous ne ferez rien dans votre vie.

Merci pour l'écoute, l'empathie et la compréhension.

Michel, le père de Gwenaël, écrit une lettre au proviseur de mon lycée pour lui demander de me réintégrer afin que je refasse une terminale. Je travaille quelques mois comme manutentionnaire, puis animateur au camping de Trémelin. Le jour de la rentrée, je me retrouve dans la même classe que Karim et Gwenaël. Le rêve, le délire ! La fête peut commencer... Lors de cette année, seul le prof de philosophie, Michel Gravil, trouve grâce à mes yeux. Avec lui, rien n'est formaté. Ses cours sont passionnants. Ses mots m'apaisent. À la fin de ses cours, il y a toujours un élève qui reste pour discuter avec lui. Et c'est souvent moi.

J'échoue à mon baccalauréat à très peu de points. Je vis chez mes parents. Je ne sais pas encore que l'on ne peut pas guérir dans un environnement rempli de secrets enfouis.

Un jour, je sympathise avec Pierre, un basketteur de Sauzet. Il habite, lui aussi, dans les HLM. Il travaille une semaine sur deux à Montfort et s'entraîne alors avec nous. Il pratique la musculation dans une chambre de son appartement qu'il a aménagée avec plein de matériel. Il me propose de me joindre à lui. J'accepte. Très vite, nous y mettons toute notre énergie, et cela, tous les jours. Mon corps se transforme. En plus de me donner de l'assurance, la musculation va me permettre de cacher ce corps que je ne peux plus voir. Face à cette nouvelle addiction, qui ne me quittera plus, Pierre me prête son appartement pour que je puisse m'entraîner les semaines où il n'est pas là.

Mais je tombe dans une autre addiction... Avec plusieurs copains lycéens, on va, dans un premier temps, chercher des barrettes de shit aux HLM, souvent le vendredi. On sèche les cours. Puis c'est n'importe quel jour de la semaine, pour devenir un rituel. On se rejoint les uns chez les autres, mais notre terrain de prédilection reste la forêt. En cours, nous sommes défoncés. Au basket, je suis défoncé, en musculation aussi. Je suis tout le temps défoncé. Je commence et finis mes journées avec un joint. On passe très vite de la barrette à la savonnette. Je suis en dépendance totale. Le cannabis m'accompagne. À cette époque, je fume essentiellement du haschich : double zéro, népalais, marocain classique, libanais, afghan… Soufflettes, shiloms et bangs improvisés avec de la gnole au fond. On émiette aussi du shit dans la bouffe. Et puis toutes ces infusions de champignons hallucinogènes. Cela ne s'arrêtera jamais.

De son côté, Angèle travaille en apprentissage à Comod, dans la ville au canal, à partir de septembre 1989. C'est son premier contrat. Tonton et Tatie se sont arrangés pour qu'elle soit embauchée là afin de la garder à la maison. À cette époque, il n'y a plus d'enfants dans la famille d'accueil. Depuis quelque temps, Angèle lance des appels à ma mère pour ne plus y dormir. Mais ils n'ont pas d'échos. Face au non-retour de ma mère, Angèle se met à voler de l'argent dans les effets du personnel, dans les vestiaires du Comod, dans le seul but de se faire attraper pour être virée et ne plus avoir à retourner dans la famille d'accueil. La direction est avertie par le personnel. Ils usent alors d'un stratagème pour la débusquer : ils dessinent une croix sur un billet, qu'ils retrouveront dans les affaires d'Angèle. Elle est virée sur-le-champ le 21 novembre 1989. Tatie lui retrouve, dès le 1er décembre, un emploi dans une boucherie à Rennes. Comme si elle voulait la garder sous contrôle chez elle pour que le silence perdure…

À la fin de son apprentissage, Angèle n'a plus besoin de dormir chez Tonton et Tatie. Elle ne reviendra pas non plus à l'appartement. Elle est mineure. Elle décide de s'installer à Dol-de-Bretagne, chez le futur père de sa première fille, qui naît le 19 août 1992. Un événement déclencheur. Elle raconte alors à son compagnon sa propre histoire. Un an après, Tatie et sa benjamine rendent visite à Angèle pour voir son enfant. Le lendemain, Angèle appelle la benjamine et lui raconte tout ce qu'il se passait dans cette maison quand les femmes n'y étaient pas. Elle lui raccroche au nez. La sœur aînée prend contact avec Angèle pour lui proposer de la rencontrer. Cette entrevue n'aura jamais lieu.

Fin d'été 1993. Je ne supporte plus la situation et je veux briser le silence, mais je ne suis pas au courant qu'Angèle a parlé. Je préviens Tatie de ma visite. Pierrick, un copain du basket, me dépose sur un parking de la ville au canal où elle doit venir me chercher. Mais elle n'est pas venue seule. La voiture est déjà là. Je monte côté passager. Elle est au volant, Tonton lui, derrière. La voiture ne démarrera jamais. Nous allons rester tout l'après-midi. Malaise.

Après avoir parlé de tout et de rien, nous sommes naturellement amenés à aborder le sujet de ma sœur. Ce sont eux qui entament la conversation. Je suis très étonné du comportement de Tonton, qui, devant sa femme, est complètement muet. Tatie, elle, je le perçois, a compris le but de ma visite. L'occasion de me retrouver seul avec elle ne se présentera pas. Au moment de partir, ils veulent me donner un billet, comme s'ils voulaient m'acheter. Je refuse. Tatie a un comportement bizarre : elle est sur la défensive, protège son mari. Pour ma part, je défends ma sœur. Elle fait tout pour s'en sortir. Elle a trouvé un copain, avec qui elle a un enfant. Ce jour-là, je sens que Tatie sait. Mais, comme la femme de mon oncle, elle est prise au piège et reste enfermée dans son silence.

À la suite de cette scène dans la voiture, en 1993, silence radio. Aucune communication entre la famille d'accueil et nous. Tout le monde est dans le déni. Et ma mère n'est toujours au courant de rien.

12

MON PLUS GRAND CHAGRIN

Karim, ce refrain était le tien.
« À 20 ans, je voulais vivre
Vivre intensément, sans peur du lendemain
Vivre avec mes proches, mes amis
Vivre profondément
Jouer, hurler, crier, gagner, exploser. »
Quelle belle jeunesse toujours dans l'esprit de faire plaisir [7].

Tendresse, vitalité débordante, sportif dans l'âme, rayon de soleil, toujours attentif aux autres, débordant de simplicité, grand frère pour les jeunes qu'il encadre au football, lumière pour les « petits vieux » de la maison de retraite de Montfort, une touche d'espièglerie éternelle dans le regard, une bonne humeur vissée au corps, une bienveillance extrême, un sourire enchanteur, une sensibilité à fleur de peau, une délicatesse infinie... Karim est mon ami. Le seul à entrer chez moi sans frapper.

---

7   Extrait de l'éloge funèbre de Karim.

Je décide de ne pas retourner au lycée. Par chance, Momo me propose un CES (contrat emploi solidarité) pour encadrer les jeunes au club de basket. J'intègre aussi le CA. Je participe pleinement à la vie du club, j'y joue également. Karim fait une fac de psychologie et me parle de son projet d'intégrer le CREPS (centre de ressources, d'expertise et de performance sportive) de Dinard, dès l'année suivante, pour passer son diplôme de BE[8] football. Il évoque un BE en musculation pour moi. L'envie de monter un club de remise en forme à Montfort-sur-Meu commence à germer.

Chef d'entreprise, c'est ce que je veux faire depuis tout petit pour être reconnu socialement et pour être enfin cru. Je comprends vite que j'ai un problème avec l'autorité adulte. Dans tous les petits boulots que j'effectue – barman, serveur, manutentionnaire… –, je n'aime pas le comportement des chefs, cette attitude dominatrice qu'ils adoptent avec le personnel. Leur autorité me ramène à l'emprise des prédateurs. Et, quand on n'a jamais eu de père, on ne veut recevoir d'ordres de personne. On n'y est pas habitué. Je sais rapidement que chef d'entreprise est mon chemin.

Très tôt, je saisis que je vais travailler dans le sport. Le virus du sport, je l'attrape au basket, dès ma première licence, à seize ans. Admirer Momo, qui ne fait aucune distinction entre les enfants, qui considère chacun individuellement, qui est animé tout le temps d'une passion sans faille, me guide avec force.

---

8   Brevet d'État.

Septembre 1994. Comme prévu, Karim entre au CREPS. Je me mets volontairement au chômage pour pouvoir toucher une allocation afin de financer, moi aussi, le CREPS. À la fin de cette année, j'ai le droit de toucher l'allocation de formation reclassement. Je continue bénévolement de m'investir dans le club de basket et je m'entraîne comme un fou. Je me défonce aussi comme un fou.

Début 1995. Après un entraînement de basket, j'ai rendez-vous avec deux acheteurs dans un bar. Même pas le temps de prendre un verre. On sort pour prendre leur voiture et filer dans la forêt Saint-Lazare. On se gare dans un cul-de-sac. Deux phares s'allument devant nous. Les flics. Il est question de faire croire que l'on est homosexuels. Sauf que je ne peux pas entrer dans le jeu. Les flics nous demandent de sortir et nous fouillent, ainsi que la voiture. Ils tombent sur toute la réserve de Fil rouge, plusieurs centaines de grammes, en provenance de Guadeloupe. Facile, cette herbe a une forte odeur immédiatement identifiable. Direction la gendarmerie. Nous les suivons en voiture et mettons en place toute la stratégie. Je compte dire que j'ai fait pousser la récolte dans la forêt, histoire qu'ils ne me demandent pas de remonter la filière. Je ne veux surtout pas passer par la case prison parce que le président du Montfort Basket Club y enseigne aux détenus. Et surtout, je ne veux pas aller en prison parce que je pense que je ne pourrai plus fumer. Comment tenir, alors ? Je suis interrogé tout seul. Les acheteurs sont dans une autre pièce. Mentir, garder le secret, un jeu d'enfant pour moi. Un jeu d'enfant qui me sert dans le monde des grands. Je ne balance pas. Quelques heures plus tard, nous sortons de la gendarmerie sans aucune sanction.

Karim a l'intention de faire une deuxième année pour que nous soyons réunis. Il imagine une colocation pour nous deux. Il me présente aussi un copain de Montfort qui va beaucoup compter. Je me livrerai à ses parents, qui me soutiendront en 2003 pour porter plainte et qui vont m'ouvrir les portes de l'entrepreneuriat. Sans cette famille, jamais je ne serai devenu chef d'entreprise, jamais je n'aurai déposé plainte. Ce garçon devient un très bon ami. Il me présente aussi ses cousins, dont l'un est sportif de haut niveau, habitant en Corse, où il nous invitera à passer des vacances. Je dois absolument conduire quand je suis en voiture. Je ne peux pas être passager. Même quand, lors d'un retour d'Amsterdam, je suis le seul à conduire d'une traite, alors que nous sommes quatre à bord.

Je prends pour la première fois l'avion pour me rendre en Corse. Et tout à coup, surgissant de nulle part, la panique. L'angoisse du vide. Mais je n'ai même pas le temps de dire que je ne me sens pas bien que la petite fille assise à côté de moi me regarde en demandant :

— C'est la première fois que vous prenez l'avion ?

Avec son frère, elle me raconte qu'ils ont l'habitude d'aller à Nice chez leurs grands-parents.

— Ne vous inquiétez pas, cela va bien se passer.

Quelques mois avant le concours du CREPS, Karim prend le volant après une soirée trop arrosée en boîte de nuit et a un terrible accident. Mes nuits se remplissent de cauchemars. J'y figure en assassin.

Nous décidons, avec quelques amis, d'aller à l'hôpital, mais il m'est impossible de le voir dans cet état. Il est dans le coma, branché de partout. Je suis persuadé qu'il va s'en sortir.

Quelques jours après, en allant boire mon café, j'apprends par le barman, Jean-Claude, que l'état de Karim se dégrade. Ce même jour, en marchant dans les rues de Montfort, un ami de Karim, qui s'avance vers moi, traverse la route pour m'éviter. Quelque chose se passe, je le ressens fortement.

19 juin 1995. Coup de téléphone de la mère de Karim. Elle m'apprend le décès de son fils. Un abîme s'ouvre en dessous de moi. Je m'écroule. Trois jours après, à l'enterrement, le cimetière est rempli de jeunes. Il faut me soutenir pour que je sorte de la voiture. Nous sommes tous en train de nous tenir par les épaules autour de la tombe. Nous y lançons des objets, des souvenirs qui nous rattachent à lui, des photos de football, des écharpes... Je promets à sa mère que je vais passer le concours du CREPS et que je monterai mon club de remise en forme en sa mémoire.

Mes amis sont ma famille. Famille de cœur, mais aussi famille de sang. Quand je perds Karim, c'est comme si je perdais un frère. Je ne me remettrai jamais de cette douleur. Jamais. Pendant très longtemps, quand je vois une Renault 5 blanche, sa voiture, je me précipite pour vérifier s'il est à l'intérieur... Et je lui parle souvent. J'ai un besoin viscéral de le faire exister.

Août 1995. Avec Gwenaël, Gilles, son petit frère, et Jérôme, un autre copain, nous décidons de passer un week-end sur la côte, à Pornichet. Cela fait un mois que Karim est décédé. Nous allons à La Baule pour boire et oublier. Nous logeons au camping de l'Oasis. Une jeune femme, nommée Émilie, campe en face avec des amis. Nous passons la journée à la piscine. Le soir, nous nous retrouvons dans un bar. Nous enchaînons les Bidule, un apéritif dont personne ne sait ce qu'il contient. Le lendemain, Émilie nous propose de venir à la plage. Je décide d'y aller. Très vite, une complicité s'installe entre elle et moi. Nous discutons beaucoup. Je me confie uniquement sur l'histoire de Karim, les concours. Je ne lui parle pas de mon passé. En revenant, je dis à Gwenaël que je viens de rencontrer la mère de mes enfants. Six mois après, nous nous retrouvons par hasard dans une salle de basket... Elle sera effectivement la mère de nos trois enfants.

Avec ce concours, la vie – ma vie – s'ouvre pour moi...

7 et 8 septembre 1995, jours du concours. Je suis arrivé la veille, avec deux amis d'enfance de Montfort. Nous sommes logés dans l'appartement de Raphaël, un ami. Nous passons la soirée à fumer des joints et à boire. Préparation parfaite pour un concours ! Le lendemain, à 8 heures, tous les prétendants au diplôme sont réunis face à la mer. Le directeur nous accueille en précisant que, si nous ne sommes pas préparés, ce n'est pas la peine de nous présenter aux épreuves. Certains s'en vont. Le ton est donné.

Le concours commence par la musculation. Ils en prennent onze. Autour de moi, que des golgoths. Je ne suis entouré que d'haltérophiles et de culturistes, moi qui n'ai jamais mis les pieds dans une salle de musculation. Ça va être costaud... Quatre épreuves nous attendent : développés couchés, squats, tractions nuque et dips. Tous ces sportifs aguerris ont tous 20/20, et moi, avec ma seule détermination en poche, je les talonne ! Je pleure à chaque fin d'épreuve, submergé par l'émotion. La photo de Karim est dans mon sac. Je suis là pour lui.

Pause du midi. Retour à l'appartement. Au menu : repas-pétards. L'après-midi, c'est l'épreuve écrite, suivie des entretiens oraux. On a 20 minutes, je reste 40. Je parle de mon projet professionnel avec passion et j'évoque pourquoi, pour moi, c'est encore plus important d'être pris que les autres.

— C'est l'idée de Karim, c'est lui qui m'envoie.

Je parle de la promesse faite à sa mère. Tout le monde au CREPS connaît son histoire.

Le soir, même menu que le midi.

Le lendemain matin, après quelques pétards, rendez-vous sur la piste d'athlétisme, au COSEC[9]. Test de Cooper : il faut courir pendant douze minutes à bloc. À bloc, je sais faire. Tout le monde derrière. J'ai la meilleure note ! Passé la ligne d'arrivée, je prends mon paquet de clopes glissé dans ma chaussette pour fumer une Camel. Dans l'attente des résultats à 17 heures, je me défonce avec mes amis. C'est bien décalqué que je retourne au CREPS le soir. Dans le hall, je découvre « Breton Emmanuel » écrit sur la liste des admis. Je suis au bord de l'évanouissement. Alors que je rentre à l'appartement, je n'arrête pas de pleurer. Mes deux amis m'enlacent. Ils comprennent sans un mot que j'ai réussi.

Avant la rentrée, je suis de nouveau dans le même appartement. Je suis tout seul. Quelqu'un frappe à la porte.

---

9   Complexe sportif.

J'ouvre. Je fais la connaissance de Marie, qui me rapporte tous les effets de Karim qu'ils ont rassemblés. Après quelques pétards et quelques verres, elle reste. On couche ensemble. Ce sera la dernière femme avant Émilie.

14 septembre 1995. Entrée officielle au CREPS. Nous sommes tous réunis dans une pièce. Le directeur fait un discours de bienvenue où il évoque Karim. Beaucoup se retournent vers moi... Pendant les épreuves, certains ont cherché à savoir si j'étais bien l'ami de Karim.

Le regard des autres sur moi a changé. On voit moins le gamin des Grippeaux, le jeune délinquant des HLM qui volait, qui fumait, qui picolait. Je faisais le caïd, mais je m'arrêtais toujours avant la bagarre. Je n'ai jamais aimé la violence, l'injustice et l'irrespect. J'obtiens mon diplôme en juin 1996, moi à qui on a toujours dit que je n'allais pas au bout de ce que j'entreprenais... Pour fêter ça avec mes deux amis du concours, je pars une semaine à Amsterdam, où je m'autorise tous les excès.

À mon retour, je travaille un mois comme ravaleur pour payer mon permis. Sur les toits...

13

AVANCER À RECULONS

Octobre 1999. Juillet 2000. Juillet 2002. Avril 2003. Juin 2006. Juillet 2012. Juillet 2013. Octobre 2015. Autant de déménagements. Autant de fuites.

Septembre 1996. J'ai pour projet d'effectuer une deuxième année au CREPS. Mais, le jour du concours, je me lève et je ne vais pas à Dinard, mais à Rennes. Je pars frapper aux portes de l'URSSAF, de l'Assedic... Je me renseigne pour savoir comment monter une entreprise. Je commence à constituer un épais dossier. Mais je n'ai pas les fonds. Comment faire ? Je parle de mon projet à tout le monde, dont Gérard, expert-comptable à Montfort-sur-Meu. Il évoque l'idée d'un système de parrainage ayant pour objectif d'inscrire de futurs membres. Beaucoup répondent présents, notamment Hervé, qui a de l'influence dans la ville. Une rencontre explosive. Lorsque je débarque dans son bureau (il est directeur d'une grande surface) avec Gérard pour lui expliquer le projet, je suis un peu impressionné. Il est très jeune, mais le lien se crée immédiatement. Il cherche plus à savoir qui je suis plutôt que ce que je fais. Le paradoxe, c'est que je me suis servi dans son magasin pendant des années… Son supermarché est un peu le mien. La première fois que l'on se voit, il m'invite à dîner et nous discutons finalement toute la nuit. Nous allons devenir inséparables. Il ne me lâchera jamais, me soutenant toujours malgré nos forts caractères. Il sera même le parrain d'Erell, ma dernière. Un homme qui inspire le respect.

Je sens que le regard des personnes change, comme au temps du CREPS, mais je sens aussi de la jalousie. Je passe beaucoup de temps avec Hervé. Les gens commencent à se poser des questions. Des rumeurs d'une relation intime circulent même. Mais moi, je vois surtout que je bascule dans un autre univers avec, en plus, quelqu'un qui me soutient et ne me juge pas.

Grâce au dispositif Défi jeunes du ministère de la Jeunesse et des Sports, j'obtiens également une aide, épaulé par l'ancien maire de la ville au canal (coïncidence ?), touché par mon histoire. Ce fonds, additionné aux parrainages, me donne l'apport personnel pour pouvoir financer mon projet. Deuxième objectif : trouver un local. Mon ami François, en BTS agricole à l'Abbaye, me parle d'un local de 350 m², inoccupé depuis plus d'un an. Situées dans un autre bâtiment de l'école, quatre pièces sont disposées de part et d'autre d'un grand escalier. J'imagine déjà la salle de musculation en bas à gauche, les sanitaires à droite, à l'étage à droite, la salle de cours, et de l'autre côté, une pièce qui va nous servir de logement. On y installe un matelas gonflable.

Argent, local, constitution de dossiers (devis travaux, matériel...) : je peux maintenant filer à la banque.

Décembre 1997. J'obtiens un prêt. Les travaux peuvent commencer. J'ouvre six mois après, le 11 mai 1998, grâce à ma famille et toute la famille du basket regroupée derrière moi. Mon propre club de remise en forme se prénomme Doare Beva, « manière d'être » en breton. J'ai monté mon entreprise comme on se l'était promis avec Karim. Je puise ma force en lui. La tristesse est toujours présente, mais c'est comme s'il était perpétuellement à mes côtés. J'en tire une énergie incroyable, bouleversante. Sans son décès, je n'aurais pas monté une entreprise. Je vais m'y investir corps et âme.

Retour en arrière de quelques mois. Angèle, n'ayant toujours pas la force de parler, ne supportant plus tout ce qu'elle garde en elle, pourtant mère, décide de mettre fin à ses jours le 1er novembre 1996. Elle braque un fusil de chasse sous son menton. À côté d'elle, une lettre qu'elle a rédigée à l'attention de ses bourreaux, avec une photo où apparaissent Tatie, Tonton et elle. La balle ricoche lors de la déflagration. Angèle est aujourd'hui invalide : son bras gauche ne fonctionne plus. Mais elle est vivante. À cet instant, elle a quitté son ami et père de sa première fille. Elle faisait de nombreux cauchemars, était au bout de tout, et a avoué à son compagnon ce qu'elle avait subi. Il ne l'a pas supporté. Son nouvel homme, avec qui elle est toujours aujourd'hui et qui lui donnera deux fils, prend connaissance de la lettre. Il réalise alors ce que sa femme a enduré. Choqué au plus haut point, il décide de brûler la lettre et la photo. Angèle reste à l'hôpital de Rennes pendant plus de deux ans, où on l'opère une dizaine de fois. De mon côté, je suis sur le point de basculer dans un autre monde. À ce moment-là de ma vie, je ne peux l'aider. Si je m'engage à ses côtés, le peu que j'ai réussi à construire risque de s'effondrer...

J'ai gardé en moi tout ce que je sais par rapport à elle. Je suis le seul à être informé de ce qu'elle subissait. Les viols de la famille d'accueil, du père et de ses deux fils, qui ont duré plusieurs années. Mais ma mère vient m'en parler pour savoir si je suis au courant. Je lui révèle alors que, oui, j'ai tout vu. Je n'étais qu'en primaire. J'étais partagé entre la peur et l'impuissance. J'ai tenté de casser les carreaux de la fenêtre pour les stopper. Je lui rappelle que, lorsque j'ai voulu évoquer ce qui m'arrivait, sa première réaction a été de me passer mon oncle au téléphone. Je pensais alors qu'elle ne me croirait pas si je lui racontais l'histoire de ma sœur.

Angèle met des années à être propre. Elle souffre d'énurésie jusque très tard. Elle doit être suivie. Sa scolarité est un désastre. Mensonges, insécurité, viols, abus... En 1990, elle s'enfonce de plus en plus dans la dépression. Elle tombe dans la drogue, l'alcool... Totalement perdue, elle n'a personne à qui parler. Elle est comme morte. Après sa tentative de suicide, je soutiens ma sœur totalement. Elle raconte tout à ma mère. Coup de poignard.

Au même moment, je rencontre Erwan, mari de Morgane, l'amie de ma femme. L'assurance incarnée. L'élégance. Regard bleu intense. Grandeur physique, mais aussi grandeur d'âme. Et sensibilité vissée au corps. Il me rappelle Karim... Le courant passe tout de suite, encore une fois. On parle de nos vies professionnelles. Il a sa propre entreprise et il est basketteur.

Mais peu importe ce que l'on fait. C'est surtout l'humain qui nous rapproche. Je lui raconte mon histoire, il évoque *Le Petit Prince*. Je me dis que je viens sans doute de l'astéroïde B612…

Un jour, Angèle croise Tonton et Tatie sur le marché de Matignon. Nous sommes en pleine saison estivale et celui-ci est bondé. Ils ne se sont pas vus depuis très longtemps. Elle explose alors devant tout le monde, racontant tout ce qu'elle a subi pendant plus de quinze ans. Les gens regardent, écoutent… et Tonton fixe le sol, muet, blanc comme un linge. Tatie prend sa défense. Ils essaient de se frayer un chemin parmi la foule en tournant en tous sens. Tatie glisse son bras sous celui de Tonton. Angèle court derrière eux en hurlant que le monde entier va savoir et que son avocat va s'occuper de tout ça. Tatie lui répond que Tonton aussi va prendre un avocat sans savoir si ce qu'Angèle dénonce est vrai. Tatie décide d'appeler ma mère.

— Allo, Noëlla ? Vous vous rendez compte de ce qu'Angèle dit de nous ?
— Je la crois.
— Angèle se drogue, boit, elle ne sait plus ce qu'elle raconte. Et vous la croyez ?
— Je crois ma fille plus que tout.
— Après tout ce que nous avons fait pour vous ? Vous vous rendez compte ? Vous ne pouvez pas nous faire ça.
— Je crois ma fille et, de toute façon, il y a un témoin.
— Qui ça ?
— Manu !

Tatie raccroche immédiatement.

Après cet épisode, Angèle essaie plusieurs fois de joindre Tatie par téléphone, en vain. À chaque fois, Tonton décroche avant de raccrocher ou de la menacer. Très vite, ils se mettent sur liste rouge.

Un nouveau drame se profile. Été 1999. Ma femme, son petit frère et moi nous rendons à un mariage vers Angoulême. L'idée est ensuite de rejoindre Gwenaël et Maud en Espagne. C'est le week-end du chassé-croisé estival. Mes beaux-parents décident de partir le lendemain, un samedi. Émilie essaie de joindre sa mère. Personne. Elle est tout de suite inquiète. Nous apprenons qu'il y a eu un terrible accident... Le conducteur en face est décédé. Mon beau-père est plongé dans le coma. Ma belle-mère est sous le choc. La sœur de ma femme et son compagnon sont traumatisés. Nous devions rejoindre l'Espagne, mais nous restons auprès des parents d'Émilie à Niort, même si nous faisons une escapade à Noirmoutier pour aller chercher du réconfort auprès d'Erwan et de Morgane. Au bout de quinze jours, mon beau-père est rapatrié en hélicoptère à Rennes. Nous rentrons avec lui.

Émilie tombe enceinte. Nous décidons de quitter notre matelas pneumatique pour un logement rue de Rennes, à Montfort-sur-Meu. Première étape d'une longue série de déménagements. À peine un an plus tard, je rentre un soir et je vois notre voisin allongé par terre dans sa cuisine. Cela sent le gaz à plein nez. Tout le monde sort. Les pompiers et les gendarmes règlent le problème. Mais nous décidons de déménager. Direction : les HLM Les Grippeaux. Retour à la case départ, en quelque sorte. Ma fille naît le 31 août 2000.

Devenir père. Je vis deux choses paradoxales : je suis tellement heureux de tenir Élise dans mes bras, mais le poids de l'inceste ressurgit de manière intense et ne va plus jamais me quitter. Être père me rapproche aussi de la catégorie des violeurs. Tant que je n'étais pas parent, j'étais encore un enfant, pour ainsi dire. J'ai longtemps raisonné comme si j'étais une proie. Du jour au lendemain, c'est comme si j'avais basculé dans le camp des prédateurs. C'est extrêmement lourd pour moi. Je décide de partir.

Je vais habiter pendant un mois dans ma salle de sport. La dépression me ronge. Je finis par rentrer. Nouveau déménagement. Nous logeons désormais rue du Béloir. Noël 2002 est très proche. Ce Noël 2002 où je vais craquer. Et cette promesse que je me ferai…

Avril 2003. Nous habitons à Pleumeleuc, dorénavant.

Angèle croise l'un des fils de Tonton dans la cour de l'école. Il fait le beau, même s'il a déjà été interrogé (mais pas inquiété). Il essaie d'engager la conversation. Elle hurle. Quand ils nous perdent, les prédateurs font tout pour renouer et asseoir leur pouvoir. Nous sommes leur chose. Nous leur appartenons. Emprise, possession et domination.

Il se croit intouchable. C'est mal me connaître… Je n'ai que deux coups de téléphone à passer. Il prend peur, et se voit obligé de retirer son enfant de l'école et de déménager quelques jours plus tard… C'est désormais lui qui prend la fuite.

Le 14 février 2005, mon fils Enzo naît. Il porte comme deuxième prénom celui de Karim. Cette nouvelle naissance fait monter d'un cran le ressenti que j'ai eu à la naissance de ma fille. Comme si mes fissures s'agrandissaient à chaque fois, alors que je pensais qu'en avançant, elles se combleraient.

23 juillet 2005. Nous décidons de nous marier. À la sortie de la mairie à Rennes, nous sommes tous rassemblés sur les marches de l'escalier. Pluie de riz. Traditionnelle photo. Vue imprenable en face : lieu de travail de Tonton... Mon regard est sans cesse attiré dans cette direction, comme s'il pouvait en surgir. Je ne suis pas vraiment là. Je passe d'une émotion à l'autre, de la joie à la tristesse infinie. En ce jour qui devrait être le plus beau pour moi, je suis rattrapé, encore une fois, par mon passé.

Angèle est là. Je l'ai vue juste à l'occasion du Noël précédent, que j'ai essayé d'organiser pour retrouver des liens, dans la perspective de mon mariage.

— Voir votre sœur ce jour-là, c'est un peu comme deux soldats qui se retrouvent. Sauf que vous retrouvez aussi la guerre, me dira plus tard mon psychologue.

La guerre et la paix. L'amour et l'horreur. La joie et la peine. Tout se mêle dans un chaos indéfinissable. L'ambiance est extrêmement pesante pour moi. Je suis totalement asphyxié par mon passé.

Mais le pire a lieu pendant la réception. Château d'Apigné, 200 invités. Au moment de la chanson de mes amis et témoins, les voilà qui entament *Rockollection* avec des paroles revisitées à mon attention. Sauf que « on a tous dans le cœur... », pour moi, c'est synonyme d'un retour en 1977, en famille d'accueil. Je me revois immédiatement dans la maison. Et puis c'est au tour du DJ de passer *Another Brick in the Wall*, alors que je lui ai pourtant demandé avec insistance de ne pas le faire. Quand les premières notes retentissent, les scènes atroces reviennent à la surface. Je me revois tout seul, témoin des viols d'Angèle. Les deux frères mettaient cette musique à fond pour sans doute l'empêcher d'appeler au secours. À chaque fois que j'entendais cette musique, je savais ce qu'il se passait dans la chambre aux rideaux…

Cela en est trop. C'est comme si cette journée de mariage, qui devait être l'une des plus belles de ma vie, me livrait des messages : « rien ne changera », « ton histoire sera toujours là ». Un véritable cauchemar. Alors que j'ai fait des efforts toute la journée pour ne pas boire, plutôt que de quitter les lieux, je décide de me réfugier dans les verres d'alcool pour tenir le choc. Le lendemain, tout le monde s'étonne de l'absence de ma sœur. Pour elle aussi, la journée a dû être difficile…

En juin 2006, nous retournons à Montfort, place Saint-Nicolas. Un jour, je dois amener mon fils chez sa nourrice, non loin de mon lieu de travail. Pendant tout le trajet, Enzo pleure sans discontinuer, me suppliant pour rester avec moi. Je suis incapable de le déposer. Incapable. Je l'emmène finalement au travail. Je préviens ma femme pour lui dire de venir le récupérer. Ses pleurs me ramènent des années en arrière… lorsqu'Angèle hurlait pour ne pas retourner dans la famille d'accueil. Une fois, ma mère a dû la forcer à aller dans la voiture. Angèle s'agrippait avec ses mains et ses pieds à la tôle pour ne pas y entrer. Ma mère pensait qu'elle faisait un simple caprice d'enfant, à mille lieues de s'imaginer la réalité. Ma mère, Angèle, moi... pourquoi pas mon fils ? Je m'imagine aussi que cela peut continuer...

Avec mon club, j'ai enfin réussi. J'ai l'impression de toucher les sommets. L'objectif est atteint. Mais est-ce que je le mérite ? Je me mets immédiatement dans un processus d'autosabotage, comme s'il fallait que je passe par une chose plus grave que l'inceste. Comme à l'école, où je ne me concentrais pas. Sauf qu'en tant que chef d'entreprise, le manque de concentration se compte en dettes. Et elles vont commencer à s'accumuler. Tout cela occupe pleinement mon esprit et me permet d'oublier un peu mon enfance.

Un jour, les huissiers frappent à la porte de mon club. En 2010, j'ai déjà 40 000 euros de dettes. Je fais une pelade : je perds tous mes cheveux et ma barbe. Une épreuve qui va durer deux ans.

Je croise Daniel Herrero à une soirée du CJD (Centre des jeunes dirigeants), invité par Hervé. Il m'impressionne. Nous allons lui parler. Il me regarde et me lance un : « Salut, minot ! » J'ai 40 ans et il m'appelle « minot ». Me ramenant à mon enfance. Il sait d'où je viens, que j'ai galéré. Je le sens. Je suis mal à l'aise. Je sais que je suis différent, mais je ne suis toujours rien, l'inceste est plus fort.

Il me donne pourtant l'énergie pour rebondir. Je décide alors de prendre un poste de préparateur physique à Saint-Brieuc Basket auprès de Christophe Henry, grâce à Goulven Broudic, le fils de Maurice. J'ai un contrat d'un an, de septembre 2011 à septembre 2012. Ma deuxième fille, Erell, naît le 5 juillet 2011. Dans la foulée, je choisis de repasser un diplôme, celui de DIPP (diplôme international de préparation physique), dans l'école Perfinsport. Je rencontre des sportifs de haut niveau, comme Eunice Barber (championne du monde d'heptathlon) et Leslie Djhone (400 mètres). Je croise aussi un surveillant de baignade particulier, Philippe Lucas, à qui je m'identifie, comme Herrero et Frédéric Aubert, grâce à qui je vais faire un stage à Bourges avec l'équipe de France féminine de basket, afin qu'elles se qualifient pour les JO de Londres.

Juillet 2012. Nouveau déménagement, rue de Rennes. Je rencontre Denis Mettay, nouveau coach de Saint-Brieuc. Il décide de me conserver dans le staff. Notre amitié est très forte instantanément. Côté finances, ce poste me permet peu à peu de m'en sortir. J'arrive petit à petit à éponger mes dettes. Mais cela ne va pas assez vite. J'obtiens un dossier CCSF, un échéancier mis en place par l'État pour le remboursement. Je suis interdit bancaire et fiché à la Banque de France.

Juillet 2013. Nouveau déménagement, boulevard Balzac. J'entreprends un marathon, celui du mont Saint-Michel, en 2014, avec Samuel. Pétard avant le départ. Comme au CREPS. À la recherche d'émotions, j'ai besoin de me fixer un défi sportif, une épreuve olympique. Je réussis. Je le finis. Avec Samuel, main dans la main.

Quand je termine mon contrat à Saint-Brieuc pour cause de dépôt de bilan, Gilles veut que je revienne au club de Montfort. J'y travaille alors comme bénévole. Nous organisons une soirée d'intégration fin août 2015. Je suis responsable du barbecue. Les amis m'apportent pastis sur pastis. Je sais que je ne dois pas en boire, mais je les enchaîne. À chaque gorgée, chaque trait du visage de mon oncle réapparaît. Je finis raide mort dans le barbecue. Mes amis démontent une porte pour m'amener à l'abri finir la nuit. Le pastis, le feu...

Pendant toute cette période, l'inceste est toujours là. Larvé. Comme cette fois, lors d'un entraînement. L'un des enfants pose systématiquement ses deux pieds sur le mien en accrochant ses bras à ma jambe. Il me serre de toutes ses forces, tandis que je continue tant bien que mal à entraîner les autres, en répétant sans cesse : « Mon Manu, mon Manu. » Cela dure à chaque fois dix longues minutes. J'arrive pourtant à trouver les bons mots pour qu'il puisse retourner vers le jeu. Je décide d'en parler à sa mère. Elle ne comprend pas, puisqu'il ne fait cela qu'avec moi. Je saisis instantanément. Cette famille ne donnera plus de nouvelles.

Je sens les victimes, les victimes me sentent.

Début d'année 2016. N'ayant plus les ressources du Saint-Brieuc Basket pour m'aider à solder ma dette, je décide de me lancer dans du coaching privé. Un jour, un nouveau client s'avance. Il s'appelle Julien Homo, gérant de l'entreprise FER MET ALU à L'Hermitage. Encore, un homme avec qui le courant va très vite passer. Un type incroyable, avec qui j'ai des connexions puissantes, malgré nos parcours différents.

En octobre 2015, nouveau déménagement, place de Guittai. Je participe au trail de 45 kilomètres de Belle-Île, le Ponant. C'est la première fois que je retourne sur l'île depuis mon enfance. Cette fois, je franchis la ligne avec Gilles. Beaucoup de choses remontent pendant tout le séjour. Je revis à 100 % les belles sensations que j'avais, petit. Cette sensation d'avoir laissé tous les problèmes sur le continent. Je me rappelle fortement combien j'étais bien à cette époque. Je prends conscience de toutes les années qui ont défilé… un peu comme un moment bilan. Côté activité, je n'arrive toujours pas à éponger mes dernières dettes. Je décide alors de quitter mon club de remise en forme à Montfort-sur-Meu pour l'installer à Bédée avec un nouveau concept, plus axé sur le suivi personnalisé, mais sans enseigne et sans nom. Comme si je préparais la suite… inconsciemment. Le local que je loue vient de se libérer. Il appartient à Gérard et Francesca, entrepreneurs que je coache. Je deviens aussi salarié du club de basket de Montfort-sur-Meu.

Gérard, comptable, monsieur « idées de parrainages », m'appelle un jour. Il a du mal à recruter des agents d'entretien pour ses locaux d'expertise comptable à Launay-Quéro. Je lui propose de le dépanner pour quinze jours… Je resterai quatre ans, comme pour le basket. Je suis envahi par le travail, sept jours sur sept. Ma dernière addiction. Et pour tenir, comme toujours, pétard sur pétard.

Dimanche 26 mars 2017. Erwan porte dans ses bras sa fille aux urgences. Je reste des mois à ses côtés. Nous sommes totalement connectés. Il est plus important pour moi d'être entièrement avec lui et sa famille pour les soutenir dans ce drame. Je leur communique toute ma force. Je suis complètement absorbé par la situation. Plus rien n'a d'importance.

Durant cette période, je réussis à rembourser mes dettes. Je m'enfonce pourtant dans le travail, sans doute pour fuir mon domicile et occuper mon esprit. Ma femme et moi dormons dans des lits séparés, désormais. Alors que je suis seul dans le mien, les cauchemars reviennent. Je saute dans le vide. Que cela doit être difficile de vivre auprès d'une victime ! Les dettes ne sont plus là, mais la place laissée par celles-ci est tout de suite comblée par l'inceste, par vagues entières. Je n'ai plus de dettes, mais il est toujours là, rôdant sans cesse.

Août 2018. Sonnent les dernières vacances en famille. Quand nous rentrons, je décide de prendre un appartement seul. Cela fait déjà plus de deux ans que notre vie de couple s'étiole. À cause de mon mal-être, je fais souffrir tout le monde, ma femme et mes enfants. En mai 2019, nous nous séparons. Sans doute la décision la plus difficile de ma vie, moi qui aspirais tellement à avoir une vie de famille soudée. Je quitte mon foyer, sans réellement savoir pourquoi, mais sûr de devoir le faire, poussé par une force invisible. Je décide d'habiter à 100 mètres, dans un studio, au plus proche de mes enfants, face à l'église de Montfort. Je veux quitter la cellule familiale, mais je ne veux pas les abandonner. Je sais trop ce que cela représente. Pendant un an, je ne mets pas de nom sur ma boîte aux lettres. Je me cache. Plus aucun doute. Il se passe quelque chose. Il va se passer quelque chose.

Je reçois un coup de téléphone de Denis. Nous nous sommes perdus de vue pendant quatre ans. Je lui raconte tout ce qu'il s'est passé depuis. Il me propose de le rejoindre à Dax pour l'été. Je vais d'abord en Ardèche avec mes trois enfants, avec la ferme volonté de resserrer les liens. C'est la première fois que l'on se retrouve tous les quatre ensemble depuis la séparation. Un moment fort. Unique.

Mes enfants. Voilà pourquoi je ne saute pas. Et pourquoi je peux affronter ma vie.

14

COVID

15 mars 2020 au 15 juin 2020. Je ferme mon club pour cause de Covid. Je ne peux exercer nulle part. Depuis ma séparation, je suis en dépression. Une profonde dépression. J'étouffe. Panique à bord. Je déboule chez Gwenaël. Je vais y rester trois mois. Sa famille vit un moment très difficile, mais a la générosité de m'accueillir. Nous nous soutenons.

Avec la Covid, je n'ai plus le contrôle. Confinement. Il faut des attestations, des signatures. Comment faire pour me fournir en cannabis ? Le travail, comme une porte de secours, est anéanti. Ma famille a explosé. Tous mes repères se sont envolés. Psychologiquement, la Covid est aussi improbable que l'inceste. Aussi anxiogène. Elle va réveiller tous mes démons. Elle marque le début d'un chemin sans retour.

Je repeins un bâtiment chez Gérard, encore une fois. Je ramasse de la volaille aussi dans les exploitations agricoles. Je me dis que je suis au bout du rouleau. Je suis chef d'entreprise et je me transforme en machine. Je suis épuisé comme jamais à la fin de la journée. Mais, au moins, je dors. Au bout de quinze jours, je suis obligé d'arrêter.

Je ressors le dossier rose – ce fameux dossier envoyé aux services sociaux en 2003 et qui n'a jamais eu de suite…

15 juin 2020. Fin du premier confinement. Réouverture du club. Je n'ai toujours pas le droit d'utiliser les sanitaires. Pour alléger le quotidien de Gwenaël, j'emménage dans mes vestiaires, plus grands que le studio face à l'église et dans lequel je me sens comme dans une cellule. Je pense y rester quelques semaines. Faire les cours avec des masques, respecter les règles de distanciation… Personne n'a le moral. Les leçons de sport, qui devraient alléger les jours, sont plombées. Tout devient glauque. Je ne supporte plus de rester à Montfort.

L'été arrive. Je pars quinze jours en vacances à Dax, à la demande de Denis, une nouvelle fois, mais avec mes enfants, que je n'ai pas eus avec moi depuis une année entière encore. Sur le trajet, je leur annonce qu'il va se passer quelque chose dans ma vie, mais je ne sais pas quoi… Je sens que quelque chose monte en moi. Le dernier soir, nous avons une discussion houleuse, avec Denis, sur le travail. Il ne comprend pas mon investissement. Enzo et la fille de Denis sont là. J'ai tellement envie de lui révéler la vérité ! Mais je ne peux pas, les enfants sont présents…

Le 15 août, je rentre et rouvre le club. Les nouvelles du côté du front de la pandémie ne sont pas rassurantes. Début octobre, j'anticipe en prenant contact avec l'agence Shiromilla pour trouver une solution afin de travailler à distance. Dans cette agence, deux femmes, Priscillia et Gwenn. Elles prennent des photos de moi. Je ne me reconnais pas. Comme si je comprenais enfin que je cache des choses depuis des années. Comme si ces photos me plaçaient devant un miroir et que celui-ci me parlait. Je suis un fantôme. Quinze jours après, je contacte Ludivine.

23 octobre 2020. Nouvelle fermeture. Un shooting est organisé avec l'agence. Quand je regarde les photos, je ne me reconnais toujours pas. Je m'aperçois que je suis usé. Non pas par l'âge, mais comme rongé de l'intérieur. Mes traits sont marqués. Marqués par mon histoire.

24 novembre. À la radio, les infos déversent une nouvelle qui me bouleverse. Christophe Dominici est mort. En chutant depuis un bâtiment. Je panique. La chute, comme mes cauchemars.

15

PRÉMICES

Après avoir été au commissariat, je suis bouleversé. Je réalise que j'avance en mode « survie » depuis des années. J'ai la sensation d'être mort. Je ne peux m'arrêter de pleurer. Un véritable torrent. Je me réveille le matin dans un océan de sel. J'ai le dos bloqué. De gros problèmes intestinaux. D'immenses migraines, tambourinant sans fin dans mon crâne, me terrassent. J'ai mal à mes bosses du front, témoins des coups que je portais au mur, enfant. Je voulais « casser ma tête » pour dire que j'existais. Sans doute aussi pour essayer de faire partir toutes ces horreurs qui hantaient mon cerveau...

Je me sens si seul. Comme lors de mes premiers instants en famille d'accueil. Exactement les mêmes sensations. Mais, au fond de moi, je sais que j'ai l'expérience d'avoir surmonté la douleur. Je m'appuie dessus pour m'accrocher.

Le 5 décembre, après avoir prévenu Ludivine de mon dépôt de plainte, je repars dans mon club à Bédée. Je me saoule.

Je décide, dans la foulée, de prévenir Gwenn et Priscillia de Shiromilla. Je les informe que je suis allé porter plainte. Leur réaction ne se fait pas longtemps attendre :
> « Bravo, Manu pour cette belle démarche qui va à coup sûr te libérer. Entre nous, je suis passée par là il y a quelques années. Et même si je pense que cela n'ira jamais en justice (il est pompier professionnel), le fait de déposer plainte a été une libération sans nom... Je me souviens... Alors, oui, encore une fois, bravo à toi pour ton courage. »

Puis un second message :
> « Bravo, Manu, je suis fière de toi. C'est incroyable, ce qu'il se passe pour toi, c'est superbe. J'ai vécu aussi ce genre de traumatisme. On ne se rencontre pas par hasard. Bravo, en tout cas ! »

Je prends un verre... puis deux... Je finis par terre.

Deux jours après, le 7 décembre, alors qu'elles demandent des nouvelles, je leur réponds :
> « Je suis dans le dur... Tous les jours, j'apprends des choses. Je ne sais pas ce qu'il va se passer, mais je sens que cela va me prendre beaucoup d'énergie. Ma vie bascule, j'ai perdu le contrôle. Je suis désolé, j'ai besoin de comprendre... »

Sur les conseils de Ludivine, je lis *Un si long silence* de Sarah Abitbol, patineuse. Le titre me parle. Je lis aussi *Signalements* de Karine et Laurence Brunet-Jambu, *Comment ne plus subir* de Stéphanie Hahusseau, *Se défaire du traumatisme* de Yaelle

Sibony-Malpertu, les livres de Toni Maguire, *Speak* d'Emily Carroll... Les mots imprimés sont durs à lire. Je suis obligé de fumer des joints à la pelle et de me perdre dans l'alcool. J'ai l'impression que je suis le personnage principal de ces livres. Je me rends compte que je ne suis pas tout seul. Je dévore ces ouvrages, je suis absolument fasciné... Il m'est pourtant impossible de regarder un film sur le sujet. *Les Chatouilles*, d'Andréa Bescond et Éric Métayer (2018), je ne peux pas. Je suis hypersensible aux images de souffrance. Comme à chaque fois que je regarde *La Môme* d'Olivier Dahan (2007). Cette fois, c'est la misère et l'abandon, les maisons closes... Trop dur.

Je passe pas mal de temps chez Jean-Marie et Gwenaël pour me confier et chercher du réconfort. En ce début de semaine, j'appelle aussi mon ami Denis, avec qui j'ai des liens très forts, et qui est toujours à mes côtés pour tous les moments joyeux ou difficiles. Je lui raconte tout. Il est complètement retourné et me demande encore et toujours de le rejoindre chez lui, à Dax.

Jeudi 10 décembre, le matin. Je fais un nouveau passage à la gendarmerie. J'ai rassemblé des éléments inédits. Des précisions, des dates, des adresses, des noms... Après avoir encore une fois déposé, je suis pris en charge par un assistant social de SOS Victimes. Le poste vient d'être créé. Il me dit souvent : « Monsieur Breton, vous me faites très peur. » En effet, je suis en état de choc. Comme si j'étouffais. Je me retiens de prendre une arme et d'aller tuer mon agresseur et ceux de ma sœur. Je lui annonce que je vais partir à Dax. Il me dit que je ne devrais pas conduire. Je ne suis effectivement pas du tout en état de prendre le volant.

Je rentre à Bédée. Je fume quelques joints. Je fais mon sac. Il est 13 heures, je pars. À 15 h 17, je suis à Nantes. J'envoie un texto à Denis : « C'est compliqué pour conduire. » Je ne prends pas l'autoroute parce que je ne peux pas rouler vite. Je sens que je risque de me tuer si j'accélère trop. Je ne veux pas non plus traverser Bordeaux, car je suis passé sur le pont de Nantes et des envies de tourner le volant vers le vide m'ont traversé l'esprit... À Bordeaux, je sais qu'il y a deux ponts, dont celui d'Aquitaine. J'ai peur de sauter. Je décide de passer par Mont-de-Marsan. Je fume pétard sur pétard. Le siège avant passager est une table à rouler. Je conduis en tenant le volant avec les genoux. À 20 h 23, alors que je suis près de Bordeaux, nouveau texto à Denis : « Que c'est dur ! » On est en plein confinement, le couvre-feu est à 21 heures. Pendant deux heures, je passe à travers les barrages et contrôles de police. Je suis défoncé. Je suis au-dessus de tout. Je me dis que, si je me fais arrêter par les gendarmes en plein confinement avec de la drogue dans la voiture, ce sera tellement dérisoire par rapport à ce que j'ai vécu et ce que je suis en train de vivre... 22 h 56 : « Denis, je suis à 30 kilomètres. » J'ai mis dix heures pour arriver. Quelques instants plus tard, il est là pour m'accueillir. Les mots ne sortent pas. Je suis épuisé. Je m'endors.

Les deux jours qui suivent, il m'accorde tout son temps. Nous allons nous promener sur les plages de Souston. Je me confie énormément. Sa femme et lui me disent qu'il va falloir que je voie des médecins. Je me sens tellement mal que je demande à être interné à Dax. La clinique me conseille de le faire en Bretagne parce que mes enfants sont là-bas et que je vais devoir gérer les procédures judiciaires. Quelques coups de fil à mon médecin traitant, à Ludivine. Denis me demande si mes enfants sont au courant. Je réponds qu'ils connaissent seulement une partie de mon histoire. Il me dit de tout leur dévoiler.

Le lundi, je me décide à appeler Enzo et Élise. Long monologue d'une heure et quart. Je raconte tout, encore une fois… Élise débarque deux jours après, le 16 décembre. Je suis amaigri, faible. Je marche comme les prisonniers dans *Midnight Express*. Mais je suis moi. On part tous les deux à Bayonne. On y fait des achats de Noël sans aucune limite. Et puis nous retournons en Bretagne. Six heures d'une traite en prenant la route des ponts. Avec des discussions-confidences comme jamais. Six heures émouvantes. Sans musique. Elle n'a pas sa place. Le lundi suivant, le 21 décembre, j'ai mon premier rendez-vous avec un psychologue qui a la gentillesse de me rencontrer, avant de consulter un grand spécialiste du domaine de l'inceste. C'est Ludivine qui m'amène à rencontrer Loïck Villerbu. Un homme qui va illuminer ma vie.

16

CHUTE LIBRE

Si tu n'es pas aidé après avoir libéré ta parole, tu es perdu.

Je subis depuis que je suis tout petit. Libérer la parole, tout expliquer, c'est bien, mais il faut accepter de descendre très bas. Et il faut être costaud pour remonter. Et surtout, on doit se faire accompagner. Je me suis toujours considéré comme un moins que rien. Aujourd'hui, grâce à la thérapie, je réalise que toute mon intelligence et mon énergie ont été employées uniquement à pouvoir rester debout.

Après avoir écouté mon histoire, Loïck Villerbu me dit :
— Gardez le positif de vos échappatoires.
Il me fait comprendre que j'ai grandi avec l'inceste vissé au corps, que, pour m'en libérer, il va falloir que je déconstruise tout. Mais « déconstruire pour reconstruire ». Je sens tout de

suite que je suis au bon endroit, que c'est la bonne personne.

Je lui explique que cela va être compliqué de travailler avec lui, car c'est un homme et que son costume me ramène tout de suite à Tonton. Un détail infime me replonge dans le passé… toujours. Mais je lui raconte tout ce que j'ai dévoilé aux gendarmes. Il a du mal à couper ce flot de paroles. Pour la première fois de ma vie, je suis en accord avec moi-même. Il va falloir que je mette des mots sur tout ce silence. À quoi correspond-il, d'ailleurs ?

Je ne sais pas encore que parler est le remède au silence.

Déconstruire pour reconstruire. Je me rends chez une hypnotiseuse.
— En qui avez-vous confiance ?
Je réfléchis.
— Personne.
— Vous avez forcément confiance en quelqu'un !
— Seulement en moi.
Alors, elle m'explique que le « Grand Manu » va prendre le « Petit Manu » par la main et retourner sur chacun des lieux où il a eu peur. Pour affronter chacune des peurs profondément installées en moi. Pour jouer aussi le rôle de la personne que j'ai tant attendue et qui n'est jamais arrivée. C'est moi qui vais me sauver, finalement. Comme si je devenais le père de ce petit garçon blessé.

Dès le lendemain, je file à Limoges pour fêter le Nouvel An avec mon ami Hervé. Je lui raconte toute mon histoire. Le jour du réveillon, je découvre *À cœur ouvert – Née d'un viol* de

Gwendoline Alves Garcia. C'est le premier témoignage que je lis sur quelqu'un qui est né d'un viol et qui a ignoré la vérité pendant des années.

Quand Hervé et sa femme me rejoignent pour réveillonner, je suis habité par le livre. Je commence à trouver quelques réponses. Je ne peux pas m'en détacher. Je suis en décalage total avec la fête qui se prépare.

« Quand la vie se déglingue, le corps suit. » J'entends cette phrase quelque part et c'est exactement ce que je vis. Je me rends alors chez une kinésithérapeute, qui va me suivre pendant plusieurs mois. Elle me masse les cervicales. J'ai très mal à l'arrière du crâne, comme si j'avais laissé ma tête reposer pendant des heures sur une pierre. Elle masse également mes bosses. J'ai aussi deux épicondylites à chaque avant-bras, à cause des heures de ménage à passer serpillère et aspirateur, et qui se sont accentuées avec le ramassage de volailles. Je peux à peine tenir une cigarette entre les doigts.

Je vois aussi des assistantes sociales. Les rendez-vous se multiplient au CDAS[10]. Je ne maîtrise plus rien du tout. Je ne peux plus faire quoi que ce soit. Je suis obligé d'être entouré. J'ai l'impression d'être fou. Je n'ai plus goût à rien. Pour tenir debout, j'ai besoin d'être assisté au niveau administratif, psychologique, matériel, physique… Moi, le préparateur physique, moi qui aidais les gens, je me retrouve de l'autre côté de la barrière…

---

10   Centre départemental d'action sociale.

Début janvier. Je me sens libéré. Je me sens puissant. Vivant. Je veux tout de suite monter une association pour aider les autres avec Ludivine et Shiromilla, Le pouvoir des héros. Je pense que le plus dur est fait.

Mais le projet d'association ne se fera pas. Je réalise que je suis bien loin d'être guéri. Il faut être beaucoup plus fort pour revenir à la vie.

Je prends contact avec Charlotte et Mathieu, deux amis éducateurs spécialisés, pour leur raconter tout ce que je suis en train de vivre. Mathieu me dit qu'il faut que je fasse attention à moi, que, pour me remettre de tout cela, cela va prendre beaucoup de temps. Je me vois lui répéter :
— Ne t'inquiète pas, c'est déjà réparé.
Le psychologue m'expliquera plus tard que je libère tellement de poids d'un seul coup que j'ai l'impression d'être totalement guéri. En fait, je suis libéré, mais bien loin d'être guéri. Charlotte me conseille d'aller consulter les archives départementales, le service d'accès aux données personnelles. Première pièce du puzzle de ma reconstruction.

Chose que j'entreprends. J'y vais, accompagné de Gwenaël, à la demande de l'éducatrice qui va me recevoir et qui ne veut pas que je vienne seul. Nous arrivons dans une pièce avec une grande table. Au milieu trône un dossier si peu épais, semblant un peu perdu. L'éducatrice l'a préparé. Sur la couverture est écrit « Emmanuel Breton – 4930 », mon numéro de matricule. Je l'ouvre. Je tremble. À l'intérieur, une photo de moi et de ma sœur, pose officielle à la maternelle, côte à côte. Je revois l'écriture de Tatie, mes bulletins. J'apprends que j'ai été en foyer deux fois avant d'aller en famille d'accueil. Je retrouve les RT[11]. Je réalise encore plus les immenses difficultés dans lesquelles ma mère était plongée. Je comprends mieux la situation extrême dans laquelle nous étions. Les quatre ans dans la famille d'accueil en qui ma mère ne pouvait qu'avoir confiance... Ce moment est très dur. J'apprends des choses sur ma vie. Quelques fils se relient. Je recolle un peu les morceaux. C'est écrit. Comme une vérité.

Je commence à dire à l'éducatrice ce qu'il se passait dans cette famille d'accueil. Je l'interroge :
— Mais vous devez être au courant, puisque je vous ai envoyé un dossier de 30 pages en 2003.
Le fameux dossier rose. Je lui dis qu'à la réception, ce dossier a été confié à l'homme du grenier. Elle ne me croit pas. Elle précise que, si quelqu'un des services m'avait contacté, il m'aurait accueilli dans les locaux, et non en dehors. Il n'y a aucune trace de ce rendez-vous, nulle part. Elle me dit qu'il y a des procédures et que ce sont des chargés de mission qui rencontrent les enfants, et non des élus. La gendarmerie ne m'a pas cru non plus. Je lui précise que j'ai envoyé mon dossier avec accusé de réception, que j'en ai reçu la preuve, mais que je ne l'ai plus en ma possession. Elle regarde partout, mais ne trouve rien.

Plus tard, en cherchant ma carte d'identité, je retombe sur cette boîte à chaussures où, pendant l'enquête de 2003, j'ai tout rassemblé. Elle était sortie de ma mémoire. J'y retrouve les AR et la fameuse lettre du directeur général adjoint du

---

11   Renouvellements temporaires.

conseil général. Mais pas seulement... Je découvre un numéro de téléphone. Il est minuit et demi. J'appelle. Je tombe sur le répondeur. Je laisse un message : « Je m'appelle Emmanuel Breton, je pense que vous avez un lien avec mon oncle. » Deux ou trois jours après, une voix féminine m'apprend que son fils a été victime de mon oncle et qu'il a été condamné à un an de prison, qu'il a purgé à Fresnes.

Je reçois un rapport d'expertise le concernant, réalisé par un psychiatre :

« L'examen de [...] ne révèle chez lui aucune anomalie mentale ou psychique importante de nature à influer sur sa responsabilité. Sujet d'intelligence moyenne, il ne présente aucun déficit d'ordre congénital ou acquis.
Le sujet ne présente pas de dangerosité en rapport avec une maladie psychiatrique. »

[...]

« L'examen de [...] nous met en présence d'un sujet adulte, au caractère d'allure simple et fruste, aux capacités d'élaboration et de mentalisation limitées, mais parfaitement adapté à la réalité concrète. Le niveau intellectuel peut être considéré comme modeste, sans pour autant relever d'un déficit congénital ou acquis. Les capacités d'attention, de concentration, d'analyse et de synthèse sont efficientes.

L'importance de la quantité d'alcool ingérée plaide en faveur d'une alcoolodépendance que le sujet semble minorer. »

Mon expertise n'est pas tout à fait la même…

J'appelle la gendarmerie, qui me convoque dès le lendemain. Je préviens aussi l'éducatrice spécialisée. Gwenaël et elle ont été entendus par la gendarmerie à la demande du procureur, qui trouve tout cela étrange. J'apporte enfin les preuves qui me manquaient lors de mon premier dépôt de plainte, où ma parole a été mise en doute.

En parallèle, je vois l'infirmière du CMP[12], qui va beaucoup m'aider. C'est une femme. J'arrive à lui dire des éléments que je ne parviens pas à confier à Loïck Villerbu. Toute l'intimité, notamment celle de ma vie de couple, je suis pour l'instant dans l'incapacité de le lui dévoiler.

Je loge dans les vestiaires. Invivable. Je m'éclipse alors à Lancieux, dans un appartement prêté par des amis. Face à la mer. Je suis en chute libre. Je suis obligé de faire confiance à d'autres pour pouvoir aller mieux. Ce qui me met dans une position que je ne connais pas. Je n'ai toujours compté que sur moi. Je suis comme dépossédé de tous mes repères.

Le vendredi 31 mars, nous organisons un shooting avec Ludivine pour mon compte Insta. Ce jour-là, nous sommes dans le domaine professionnel, nos histoires ne sont jamais évoquées. Je reprends le chrono. Je retrouve des sensations qui m'étaient vitales pour tenir debout avant de libérer ma parole. La journée est belle, légère. Nous rions. Cela fait longtemps que je n'ai pas ressenti cela. Comme si je basculais, comme si

---

12 Centre médico-psychologique.

une porte s'était ouverte... Je n'ai pas beaucoup d'amis à ce moment-là, mais ils sont essentiels, comme de forts remparts à l'indicible. Je suis bien entouré.

— Vous avez découvert que cela n'empêchait pas de vivre. Et c'est déjà pas mal, me confie Loïck Villerbu.

Je change. J'ai infiniment changé. Mais, dans les yeux des personnes, dans le regard des gens, je reste l'ancien Emmanuel. C'est extrêmement troublant. Aspiré par mon histoire, je deviens quelqu'un d'autre tandis qu'eux sont restés polarisés sur l'ancien moi. Je suis un inconnu devant des personnes que je connais pourtant. Le temps est comme suspendu. Impossible de nous comprendre...

Quand je me retrouve avec d'autres, je sens que les gens sont pressés, un peu fuyants. Maintenant qu'ils savent, ils voient en moi uniquement une victime. Comme s'ils m'en voulaient d'avoir menti, comme s'ils se sentaient salis par cette révélation. Ont-ils peur d'être contaminés ? Certains changent de trottoir en me croisant. D'autres fuient mon regard. Je ne leur en veux pas, mais c'est très déstabilisant pour moi. Je me libère d'un poids dont je souffre, et ce dont je souffre devient mon identité. Les gens oublient tout ce qu'on a vécu ensemble. Tout s'efface, ils ne retiennent que ça. Ils me voient comme un enfant né d'un viol, un enfant violé. Double peine.

Et, quand je garde le fils de Denis ou que je dors au même étage que les filles de Jean-Marie, tous deux m'avouent qu'ils ne sont pas très à l'aise, même s'ils me font confiance. Ils savent qu'une victime peut devenir l'agresseuse à son tour. Triple peine.

Je suis partout et nulle part. À Lancieux, je décide de partir à Dax avec Enzo et Élise. Je vis dans mes vestiaires et je n'ai toujours pas rendu les clefs de mon studio à Montfort-sur-Meu. Au retour de cet énième séjour à Dax, en plus de l'infirmière psychiatrique, je suis convoqué par un psychologue judiciaire de la cour d'appel de Rennes.

Nous sommes en pleine Covid, dans une période de doutes sur la reprise du confinement. Je suis obligé de porter un masque et des gants, car je vais taper mes réponses à des dizaines de questions pour des tests médico-psychologiques, tests de personnalité et de logique, sur son clavier. Je suis là pour évaluer ma santé psychique. Je me sens oppressé, fatigué. L'atmosphère est extrêmement lourde. Je puise dans mes ressources les plus enfouies. Aux dernières questions, je réponds au hasard… exténué.

Je vais ainsi avoir trois séances avec ce psychologue. Je réalise aussi cinq évaluations chez moi, sous forme de QCM.

Je me sens plus à l'aise pour raconter mon histoire maintenant. Depuis trois mois, je suis épaulé et je l'ai narrée plusieurs fois. Du coup, j'ai l'impression que le psychologue doute de moi, notamment quand il s'agit d'évoquer mon très jeune âge pendant les faits. Je ressens soudainement la même impression qu'avec l'avocate quinze ans auparavant, qui ne croyait pas à la possibilité d'un viol sur des enfants si petits. Contrairement à Loïck Villerbu, le psychologue judiciaire pose des questions. L'échange se rapproche plus de l'interrogatoire que j'ai vécu à la gendarmerie. Depuis que je me suis rendu au commissariat, à aucun moment je n'ai ressenti qu'il fallait me justifier. Ni avec Loïck Villerbu ni avec l'infirmière du CMP. Je me sentais écouté, jamais évalué, jamais remis en cause. Là, tout est différent. Je suis sur la défensive, avec l'impression qu'on interroge un coupable, et non une victime.

Arrive la troisième et dernière séance. Nous rentrons un peu plus dans les détails. Cela devient difficile. Place aux tests pour évaluer le stress post-traumatique. Je soupire énormément, fort, très fort. Je ne supporte pas ces questions qui me ramènent systématiquement au plus près de la réalité. Elles portent sur ce que je ressentais pendant et après les actes. L'atmosphère est insoutenable. On parle aussi de toutes les séquelles des traumatismes occasionnés par l'inceste. Il se met à me poser des dizaines de questions. Je suis mitraillé. J'ai à peine répondu à l'une que la suivante arrive. Elles sont aussi déstabilisantes qu'impersonnelles. Je suis vidé. Je réponds de manière mécanique. J'ai du mal à comprendre ce changement de climat. Une pression s'installe. Je l'arrête net.

— Elles sont dingues, vos questions. À chaque fois, une image des scènes me revient.

— J'imagine.

Je ne sens aucune compassion dans sa réponse. Le questionnaire reprend. Le rythme ne change pas. L'expertise se termine. Nous rediscutons de choses et d'autres dans un climat plus apaisé, mais il continue son interrogatoire sous une autre forme…

Tout y passe… Blessures physiques, que je dois décrire, séquelles psychologiques, traumatismes, si je suis suivi, s'il y a eu des indemnités. Mon ressenti pendant les viols : frayeur, angoisse, état second, paralysie, déchirement, abandon, impuissance. Comment je vis depuis tout petit : images qui reviennent dans la journée, dans des cauchemars terrifiants, difficultés à raconter ce que j'ai subi, angoisse quand je repense aux événements, problèmes d'endormissement, réveils nocturnes, fatigue au matin, anxiété, tension, crises d'angoisse, peur de revenir sur des lieux où j'ai enduré les viols, sentiment d'insécurité, évitement de tout ce qui pourrait me rappeler les scènes, méfiance, ultra-vigilance au bruit, irritabilité. J'ai du mal à me maîtriser, je suis agressif. J'ai des nausées, des problèmes de santé sans fin, des addictions, des soucis de concentration, un manque d'enthousiasme, d'énergie, d'intérêt. Je suis installé dans une lassitude, un épuisement. J'ai des crises de larmes. J'éprouve des difficultés dans une relation affective et sexuelle. Mon avenir est ruiné. J'ai tendance à m'isoler, à refuser les contacts. Je pense que je suis responsable de la façon dont les événements se sont déroulés et que j'aurais pu agir d'une autre façon pour changer les choses. Je me sens humilié, dévalorisé. Je ressens de la colère, de la haine, de la culpabilité, de la honte. Je suis hypersensible, méfiant. J'ai des tremblements. J'ai horreur de l'injustice et de la violence, quelle qu'elle soit. Je vois les autres différemment, je me sens incompris…

Malgré tout, je n'ai pas d'idées suicidaires, même si je fais des cauchemars où je tombe dans le vide. La vie mérite d'être vécue.

Bilan : 1 h 21 d'interrogatoire, 150 soupirs.

Une fois l'expertise terminée s'amorce un dialogue.
— Les sodomies, excusez-moi d'être un peu cru…
Silence.

— Allez-y, continuez.
— Votre oncle, il a un sexe d'adulte. Vous avez dû ressentir une douleur incroyable !
Provocation ? Je suis furieux, prêt à en venir aux mains. Je suis obligé de raconter de nouveau les moindres détails des sévices subis. Nous finissons par parler tous les deux en même temps, dans un moment de confusion où chacun essaie de défendre son point de vue. Il me dit :
— Je suis convaincu que ce que vous m'avez raconté vous est effectivement arrivé.
— Je ne suis pas là pour que vous me croyiez.
— Vous êtes là par obligation légale parce que le procureur a demandé une expertise juridique. Et l'expert juridique est en train de vous dire qu'il est convaincu par votre histoire.
Je m'excuse.
— Quand je vois votre état psychologique, votre intonation, la manière dont vous parlez, dont vous réagissez, il y a 200 % de chances que vous disiez la vérité.
Il me remercie et s'excuse parce qu'il a bien vu qu'il m'a blessé à plusieurs reprises. Effectivement, il m'a heurté au plus profond de mon âme. Je me sens humilié, réduit à un simple morceau de chair. Il me glisse :
— Si votre dossier part aux assises, on se reverra au tribunal.

Pendant cette période, je rencontre aussi la docteure Marlène Abondo, psychiatre conseillée par mon médecin généraliste. J'obtiens un premier rendez-vous fin mars. Comme Loïck Villerbu, elle ne peut placer un mot lors de la première séance. Elle commence à me parler de l'éventualité d'un livre. L'une de ses patientes en a écrit un. Elle me dit aussi de me mettre à la boxe et me donne rendez-vous un mois plus tard.

À la deuxième séance, cette fois, c'est elle qui prend les commandes. Cette session arrive au bon moment. J'ai un besoin énorme d'entendre ce qu'elle a à me dire, sans savoir d'ailleurs de quoi il s'agit. Et effectivement, elle me donne des éléments pour m'aider à rationaliser mon histoire, car je suis trop dans les émotions. Elle insiste pour me remettre dans le bon rythme, celui du quotidien. Elle me sent complètement perdu et déconnecté. Elle voit que je suis en chute libre. Je vis mon cauchemar : je ne tombe pas, mais je ressens à la puissance mille son vertige. Je vois enfin une main qui me rattrape en plein vol. C'est nouveau. C'est la première fois que, depuis tous mes cauchemars, une main se tend vers moi. Ces séances me perturbent, me remuent.

Elle me parle des trois temps. Le temps de la justice, que je ne peux pas maîtriser. Le temps de la thérapie, où j'avance, mais je ne le contrôle pas plus que cela. Et le temps, celui qui passe, toutes ces secondes que l'on a en commun. Elle me dit qu'il faut que je me replace dans ce dernier, celui que je peux faire avancer de mon propre chef. Elle me fait comprendre que je dois vivre malgré le temps de la justice et celui de la thérapie. Cette notion de dissociation, que je connais bien, puisqu'elle m'a sauvé pendant les viols, il faut que je l'accepte une nouvelle fois pour continuer à vivre.

Cela me soulage. Elle me dit que je suis trop éparpillé. Il faut que je fasse du tri pour me recentrer et que je me pose pour pouvoir mettre toutes les chances de mon côté. Je décide de l'écouter et de vivre uniquement dans mes vestiaires.

Au niveau des soins, elle me précise que je ne dois pas trop me disperser non plus : peu de personnes autour de moi, mais seulement les bonnes. Et en priorité, accepter que monsieur Villerbu devienne mon principal libérateur. Elle m'encourage à approfondir mes démarches, à aller jusqu'au bout. Elle me pousse à parler de mon histoire à un avocat. Je lui montre le courrier d'arrêt de mon médecin généraliste :

« Cher confrère, chère consœur,

Je vous adresse en vue d'une mise en invalidité monsieur Emmanuel Breton qui présente un stress post-traumatique avec manifestation psychosomatique sévère. Les symptômes empêchent actuellement toute activité et le retour à l'emploi précédent, monsieur Breton étant pour l'instant incapable de retravailler avec du public.

Signé : médecin traitant
30 mars 2021 »

Elle me confirme que je ne peux pas reprendre le travail et qu'on se reposera la question dans une quinzaine de jours, date évoquée pour la fin du deuxième confinement. Elle m'explique qu'à force d'être dispersé, je suis envahi de questions restées sans réponses, et que tout cela me ramène à mon enfance et à l'incertitude. Je sens vraiment, après ces rendez-vous, que j'ai une possibilité d'aller de mieux en mieux. Je suis plein d'espoir. Elle me fait rationaliser mon histoire. En explorant avec elle et Loïck Villerbu mon passé, je finis par éclairer mon présent et mon futur. La notion de « rationaliser mon histoire » va me faire passer une étape importante dans la thérapie. Petit à petit, l'image de moi change : en acceptant d'être passé par la case « victime », je ne me sens plus différent des autres, je me sens comme les autres. Sauf que, moi, je suis une victime. Ce n'est plus une faiblesse, cela devient une force. Ma force.

J'ai toujours besoin d'être à terre pour rebondir, comme si, volontairement, j'attendais le dernier moment pour réagir, pour ne plus avoir le choix. Abondo me demande :
— Pourquoi n'arrivez-vous pas à rester en haut quand vous y êtes ?
Comme si je ne m'autorisais pas à réussir, comme si je ne méritais pas de réussir. Elle m'encourage de nouveau à écrire.

— Pourquoi avez-vous tant insisté pour me rencontrer ? me questionne-t-elle.
— J'avais besoin de raconter l'histoire de ma sœur à une femme de couleur.

À cette période, je suis tout le temps enfermé. Je me cache. Le port du masque m'arrange. Je suis isolé, tel un homme des cavernes, un animal réfugié dans sa grotte. Je perds toute notion humaine. Je sors la tête vissée sous ma capuche. J'ai l'impression que le monde entier est au courant de mon histoire. Toutes les situations nouvelles – une voiture qui me serre trop, une rencontre... – me mettent en danger. J'ai l'impression d'être suivi, que l'on me guette, que l'on cherche à me déstabiliser... parce que je mesure l'importance et la gravité de ce que j'ai révélé aux gendarmes. Je ne fais mes courses qu'avec ma dernière fille, Erell. Je suis incapable d'entrer dans un lieu public seul.

La seule pression que j'ai est celle des personnes qui m'encouragent ou mettent le nez devant ma salle de sport, pensant à une réouverture le 15 mai. À ce moment-là, je ne suis absolument pas prêt à reprendre le travail. D'ailleurs, s'il y a ouverture, psychologue et psychiatre m'encouragent à ne travailler qu'une seule et unique journée dans la semaine. J'ai toujours du mal au niveau du contact avec les autres. Pour les démarches administratives, mes amis, dont Marine, se sont occupés de tout. Il faut que je m'y mette désormais, mais je ne peux toujours pas envisager de réaliser la moindre tâche tout seul. Marine est là, encore une fois. Sans compter, elle ne me lâche pas.

Je panique à l'idée de reprendre le travail. Je sens que je ne suis pas du tout apte. Affronter les autres me semble impossible. Mais je perçois qu'une espèce de netteté commence à se mettre en place. Le passé réapparaît, mais c'est comme si j'en étais dépossédé. Je ressens que les solutions vont venir peut-être autour de moi, et non de moi-même. J'ai un lâcher-prise avec le psychologue, comme avec Ludivine. Je fais enfin confiance. Sensation étrange. Je me surprends en train de raisonner différemment. Je tolère de nouveau certaines choses. Mes raisonnements ne sont plus calqués par rapport à mon passé, mais sont issus de la personne que je suis en train de devenir.

J'avance sans savoir où je vais depuis que je suis né, sauf que là, je sais que je ne m'enfonce pas. J'avance chaque jour. Avant, j'avais besoin de me fixer des objectifs pour aller bien. Une fois que je les avais atteints, je détruisais tout. Je vais de mieux en mieux et je me satisfais de ça. Peut-être que c'est cela, ne plus subir et vivre enfin pleinement le moment présent.

— Les œillères sont en train de s'ouvrir à vitesse grand V, confirme Loïck Villerbu.

Au début de la thérapie, chaque jour de rendez-vous, je me levais avec la boule au ventre. Tous les démons ressurgissaient et me hantaient. Sur le trajet, je me demandais ce que j'allais raconter, si cette séance était vraiment nécessaire. Aujourd'hui, j'arrive à relativiser et à y aller presque en chantant ! Ces rendez-vous m'ouvrent les yeux sur le fait que je vais un peu mieux, même si je sais que je suis bien loin d'en être sorti...

À chaque fois, je parle, je parle, je parle... Je ne savais pas que j'avais autant de choses à dire. Je commence à réaliser à quoi correspond tout ce silence.

— Vous avez vraiment réussi à mettre de la clarté dans mon histoire. Je comprends de mieux en mieux les modes de fonctionnement que j'ai appliqués à ma vie.

Je me projette enfin, je peux finalement avancer. C'est à moi de jouer maintenant. J'ai une grande expérience de la vie. Si je prends bien mon temps sans brûler les étapes, si je prends bien les choses les unes après les autres, je vais pouvoir rebondir. J'ai conscience que cela va être long, que je ne suis pas au bout du chemin. Mais cela en vaut la peine.

— Vous vous réinventez, confirme Loïck Villerbu.

Je me livre au psychologue pour lui dire qu'il m'aide énormément :

— Je suis bien depuis quelques jours. Je vous donne toute ma confiance. Je me sens plus léger, je me sens plus facile à vivre. C'est la première fois que j'accepte de l'aide pour l'inceste.

Phase d'acceptation.

Les effets de la thérapie commencent à se faire sentir. Maintenant, je ne suis plus responsable de l'environnement dans lequel je suis né. Cela me déresponsabilise. Je culpabilise moins. Cela me donne une autre image de moi. Je n'y suis pour rien. Je saisis que je franchis une étape. Je comprends qu'il faut que je travaille sur mon passé pour aller mieux. Je fais le deuil de qui j'étais. C'est douloureux, de se séparer de soi, mais je me sens tellement mieux dans l'autre moi, comme emporté.

Au début, quand j'ai libéré ma parole, j'ai eu une envie folle de vengeance et d'aller sauver des enfants, ceux qui me tendent la main dans mes cauchemars. Rien n'a changé, sauf pour la vengeance. Elle s'atténue. Je ne savais pas que, pour régler mes problèmes, j'allais y passer des mois entiers. Cela dure depuis décembre 2020. J'ai l'impression de travailler à temps complet pour me soigner. Mon ex-femme m'a dit que, tant que je ne ferais pas un travail sur moi-même, cela n'irait pas mieux. Je ne me considérais pas comme traumatisé.

Libérer ma parole m'a plongé dans un autre monde, qui est désormais le mien. Avant, je n'avais pas de territoires, je louvoyais sur un parcours d'obstacles. Quand j'ai libéré ma parole, j'ai commencé à explorer mon propre territoire. En analyse, je commence à mettre des noms aux rues.

— Avant, tout cela était dans un coin de votre tête. Et maintenant, c'est devenu votre activité principale, résume Loïck Villerbu.

Dans le même temps, le 15 avril 2021, ma mère est auditionnée par la gendarmerie par rapport à ma plainte du 4 décembre 2020. Je l'apprends par hasard en venant chez elle. Ma mère est très mal. Je ne sais pas si ce sont les gendarmes qui ont été maladroits ou si c'est le poids de l'audition qui a été

difficile. Son récit est très confus. D'ailleurs, en l'observant, je me revois sortant de la gendarmerie, complètement secoué.
— Mais vous n'avez rien vu, madame ?
Elle se sent coupable. Je décide d'appeler la gendarmerie pour mieux comprendre. Ils m'avertissent que ma sœur sera auditionnée le lendemain. Je rencontre Angèle avant son rendez-vous pour l'avertir que cela va être dur, ayant vu ma mère bouleversée. Nous ne nous sommes pas vus depuis quelques années et nous sommes directement replongés dans le passé. Revoir ma sœur à ce moment-là est très difficile. À sa sortie, Angèle vomit tout ce qu'elle peut. Voir leur état après leur audition m'affecte profondément. Cela me fait tellement de la peine de leur faire du mal ! Tous les trois, nous avons tant souffert durant notre enfance. Nous avons essayé de trouver notre propre chemin. Et moi, après toutes ces années, je décide de tout remuer, de tout révéler, de tout affronter, enfin !

Au mois de mai, je dois juste partir pour un week-end à Dax pour l'anniversaire surprise de Denis. Je vais finalement y rester trois semaines. Le déconfinement est repoussé. C'est plutôt une bonne nouvelle pour moi. Je ne me sentais pas prêt à reprendre le travail et à accomplir toutes les démarches afférentes. À Dax, je me sens libre. Je suis capable de sortir. Je me rends bien compte que c'est compliqué de guérir dans un endroit où l'on a été maltraité. Mais je me demande aussi si ce n'est pas une manière de repousser le problème.

Le 15 juin, c'est la fin du confinement. Je retravaille jusqu'en août, où je vais retrouver Belle-Île. J'ai le dos complètement bloqué. Mon corps est cassé. Je ne peux rien faire pendant quinze jours, même pas la plus petite des randonnées. C'est comme si tout s'était arrêté. Je sors de mes vestiaires et je me retrouve sur un terrain acquis par Gilles, aux Grands Sables, face à l'océan, avec une liberté totale. Je ressens les mêmes sensations que quand je suis passé des HLM à cette île de rêve, pour mes premières vacances, lorsque j'étais enfant. Tous les éléments semblent se mettre en place. Le puzzle avance... Mais un puzzle en mille morceaux, où je ne maîtrise aucune pièce.

Alors que je suis de retour à Montfort-sur-Meu, travailler s'avère difficile. Les psychologues m'ont pourtant prévenu de n'exercer qu'un jour par semaine. Mais je suis à ma salle de sport quotidiennement. Et je continue de me défoncer. Pétard sur pétard. Mes clopes, ce sont des joints.

Mes problèmes physiques ne s'améliorent pas. Je décide de consulter Claire, une naturopathe, à Rennes. Séances de réflexologie plantaire et de ventouses. Elle travaille sur ma respiration aussi. Mes problèmes vont s'améliorer très vite. Un jour, on parle du cannabis. Elle ne comprend pas que je me détruise comme ça. Elle sait trouver les mots pour que, dès le lendemain, j'arrête brutalement. Après 30 ans. Entre chaque séance de sport que j'anime, je me réfugie dans le sauna, sous ma couette, tremblant comme une feuille, comme si j'avais 40 °C de fièvre et la grippe. Mais je ne craque pas.

À la Toussaint, je rejoins ma fille aînée, Élise, à Montpellier, en compagnie de son frère Enzo. Je commence à basculer dans la résilience. Je confie à Erwan :
— Il faut que j'écrive mon livre. Ce livre que, petit garçon, je me suis promis de rédiger.
Erwan pense à une autrice.

Je rencontre Isabelle le 26 novembre dans un salon de thé. Je suis mal à l'aise dans ce lieu, mais je sens tout de suite que cela va le faire. Une énergie, semblable à celle ressentie avec Ludivine, circule immédiatement entre nous. Nous commençons à écrire le 10 décembre.

25 décembre 2021. Je fête Noël dans les vestiaires pour la dernière fois, à la demande d'Erell, qui en a assez de dormir dans le sauna. Au début, je pensais y passer quinze jours, un mois… J'ai les moyens financiers, mais aucune énergie pour entreprendre la moindre démarche, entièrement noyé dans mon passé. Fin février 2022, soit 20 mois après m'y être installé, je quitte enfin ce lieu pour emménager à Pleumeleuc. Un logement que j'ai bien eu du mal à trouver. Je ne rentrais dans aucune case quand il s'agissait de remplir les dossiers. Pourtant, la mairie de Pleumeleuc m'a soutenu contre vents et marées. Claudine, une élue, a tout pris en main.

L'écriture du livre va sonner le début de la remise en place de toutes les pièces du puzzle de ma vie. Chaque élément va y trouver son propre chemin, même si je suis profondément chamboulé. Je pleure beaucoup. Tous les jours. Mon livre officialise mon histoire, la rend réelle, mais il marque aussi le début d'un chapitre d'une nouvelle vie. Loïck Villerbu met le mot juste sur chaque situation de ma vie. J'ai libéré ma parole, mais je me suis engouffré dans quelque chose d'autre. Quelque chose de vertigineux. Je vais consacrer tout mon temps et toute mon énergie à la thérapie. Je m'y accroche comme à la dernière chose qui peut me sauver. Je sens que je vais un peu mieux, mais je n'en vois pas le bout. C'est un puits sans fond.

Avec le livre, tout trouve un sens. Le silence correspond à ça : tout ce que j'écris dans cet ouvrage. Avant d'en commencer la rédaction, j'étais dans la case « victime ». Entre ma venue au commissariat et le début de ce témoignage écrit, je suis une victime, ce que Loïck Villerbu m'amène à comprendre et à accepter. La thérapie prend alors une autre dimension. Sauf qu'accepter d'être une victime, c'est totalement dévastateur. Un effondrement de sa propre personne.

17

QUI EST MON PÈRE ?

Chercher cette absence de vérité est la seule chose qui me fait avancer.

11 mars 2022. Je suis heureux de retrouver Loïck Villerbu pour une nouvelle séance et lui annoncer que j'ai emménagé dans mon nouveau logement. Que je me suis enfin posé. Dans cet appartement, il y a de la lumière… et j'espère la trouver.

En m'installant, je me rends compte de ce que je viens de vivre depuis plusieurs mois : je végétais dans des conditions plus que précaires à tous les niveaux. De nombreux éléments de mon histoire remontent. Je suis incapable, pourtant, de dormir encore dans ma chambre. Cela faisait 20 mois que je passais mes nuits dans un sauna. Difficile de retrouver des repères pourtant aussi simples qu'un lit. Je dors sur mon canapé, tout habillé, et ce, depuis que je suis séparé de ma femme, en position du fœtus, même pour une sieste, en boule, recroquevillé sur moi-même pour me protéger. Il me faudra une semaine pour quitter mes vêtements au moment du coucher. Je réalise que j'ai vécu comme un animal blessé, à l'affût du moindre signe de danger. Le cannabis m'a fait supporter le fait de vivre dans mes vestiaires. Son arrêt a provoqué un sursaut, celui de ne plus supporter d'exister comme un animal. Mais il est difficile de se réhabituer au quotidien. Tout me semble fade.

J'achète une machine à laver. Blanche. Classique. Quasiment identique. Je vais gagner. Les fantômes ne m'auront pas.

J'arrive en retard à mon club. Personne ne comprend, puisque j'étais à l'heure à la seconde près auparavant, et pour cause ! Le contact avec mes adhérents s'améliore au fil des jours. Ils sont tous au courant de mon histoire et m'entourent de bienveillance. Ils vont m'aider à retrouver mes marques. Je suis de nouveau heureux de donner des cours. Je suis là physiquement et moralement, même s'il faut que je lutte pour me concentrer et contre mes émotions. C'est la fin de la Covid, le téléphone sonne de nouveau.

Grâce à ce logement, je renoue des relations avec mes enfants. Enzo se confie à nouveau. Il débarque tout de suite quand il apprend que j'ai un appartement.
— Le fait d'avoir votre chez-vous leur permet, à eux aussi, de poser les mots, énonce Loïck Villerbu.
Élise me dit qu'elle va pouvoir venir manger chez son père, Erell, qu'elle va inviter des copines à dormir. C'était une barrière pour tout le monde, cette situation. Habiter dans les vestiaires, pour eux, montrait que j'étais au fond du trou. Je vis de belles émotions désormais. Peu à peu, je reçois de nouveau

du monde à la maison. Quelques rires, quelques moments de joie, les jouets d'Erell qui traînent... La vie reprend tout doucement. Ils me prennent par la main pour recourir dans la forêt, faire un trail avec Élise, retourner dans une salle de musculation avec Enzo. Je les sens vraiment présents. On se reconnecte. Les liens se consolident. Ils m'aident tous les jours à reprendre pied. Sans eux, je ne serais sans doute plus là... Pardon. Sans eux, je ne serai plus là.

Je me sens libéré de quelque chose. J'ai l'impression que plus rien ne peut m'arrêter. L'envie revient peu à peu. L'envie de tout. Je fais toujours des cauchemars stupides, mais par intermittence.

Beaucoup se demandent pourtant comment je peux côtoyer autant de personnalités à qui tout semble réussir et comment elles peuvent s'intéresser à moi.
— Tu n'as pas un peu honte de ta situation vis-à-vis de ces personnes ?
Je réponds que ce sont elles qui viennent à moi. La honte, c'est plutôt de se faire passer pour quelqu'un d'autre. Dans le quotidien, les gens portent des masques. Avec moi, ces derniers tombent. Ils ne se cachent plus. Comme s'ils pouvaient être enfin eux-mêmes. Et souvent, cela les libère.

Erwan me confie :
— J'aime ta nouvelle manière d'être. Tu n'étais que haine. Aujourd'hui, tu racontes.
Effectivement, la thérapie me transforme. Elle me donne beaucoup de réponses et m'aide à mieux me comprendre, à comprendre comment je fonctionne. Quand je raconte mon

histoire, je livre aussi des explications. Je saisis de mieux en mieux les conséquences de l'inceste, les conséquences d'être né d'un viol. Mais, ce qui me ronge, c'est d'avoir été témoin des viols commis sur ma sœur et de ne pas en avoir mesuré les conséquences. J'étais seul avec ce secret. J'étais seul à le connaître, le cacher... Pourquoi n'ai-je pas parlé ? Parce que j'ai subi la même chose ? Est-ce que de ne pas avoir pu exprimer ce que j'endurais m'a aussi empêché de parler d'Angèle ? Je ne sais plus aujourd'hui. Ce secret est un traumatisme que je n'ai jamais pu appréhender. Je soulève trois voiles distincts, lourds à porter : mes traumatismes, ceux de ma sœur et le mystère de mes origines. Pendant la thérapie, je prends la mesure de l'horreur de la situation. Mais qu'est-ce qui peut donner assez de force à un enfant pour subir tout cela, se taire et tenir debout ?

Quand ma sœur fait sa tentative de suicide, pour la première fois, je lui avoue que je sais ce qu'elle a subi. Peut-être le lui ai-je dévoilé pour lui dire que je la crois. Ou peut-être parce que j'arrive au bout du chemin et que je ne peux plus garder cela pour moi. L'idée de disparaître, d'être ailleurs, dans une autre conscience, je l'ai aussi, mais d'une manière différente. Rester en vie, pour ma sœur, est trop compliqué. Elle n'est pas dans une dynamique de rencontre. Le suicide ? Je n'en ai jamais eu envie.

— À traumatisme égal, ce qui fait la différence, ce sont bien les rencontres, m'explique Loïck Villerbu. C'est comme si cacher quelque chose aux autres vous avait aidé à vivre.

En effet, je n'avais que ça comme moteur. L'aboutissement, c'est de vouloir tout dire. J'ai décidé de m'en sortir, de trouver des solutions. Loïck Villerbu me dit que j'ai fait le choix de m'accrocher. Cela a provoqué les rencontres qui allaient me permettre de me relever.

Le silence. J'ai pourtant dénoncé. Avec les moyens du bord. De la couverture trouée aux vols, en passant par les addictions. Je voulais dénoncer l'imposture. Ces hommes n'étaient pas ce qu'ils prétendaient être. Moi, je savais ce qu'ils étaient.

— Cette protestation, vous l'avez aujourd'hui mise en mots, me dit Loïck Villerbu.

Par rapport à Angèle, je veux comprendre ce que garder ce secret a comme conséquences pour moi. Mon psychologue me dit de lire *La Familia grande* de Camille Kouchner pour trouver des réponses. J'y découvre les dégâts que la révélation de son frère a engendrés sur elle. J'y trouve l'hydre. Je m'identifie. Le secret. Cette immense emprise. Nous ne sommes pas issus du même milieu, mais les séquelles du secret sont pourtant identiques. Je comprends son poids, que, pour ma part, je portais entièrement seul. Ce livre, magnifiquement écrit, scelle le mien. Je me dis que j'ai trois livres dans mon histoire. Je suis fier d'être encore debout.

— Ce n'est pas rien, souligne Loïck Villerbu.

L'emprise nous rend esclaves. Plus que le viol, plus que l'inceste, plus que le fait d'être né d'un viol... Ce qui est le plus dur à porter, pour moi, c'est le silence.

Qu'est-ce que ma mère et ma sœur doivent penser de tout cela ? J'agis à l'opposé de ce qu'elles ont fait.

— Vous mettez en mots ce qu'elles n'ont jamais su ou pu faire, poursuit Loïck Villerbu.

— Est-ce que cela peut les aider à aller mieux ?

— Je dirais oui, parce que la révélation n'est pas brutale. Elles vous accompagnent, qu'elles le veuillent ou non.

Je dors énormément. Je fais de longues siestes. Je suis exténué par toutes les démarches que j'effectue. Elles me prennent un maximum d'énergie. Le poids de mon passé est proportionnel à mon niveau de fatigue.

À cette période, je doute encore du viol collectif qu'a subi ma mère et d'en être issu. Je soupçonne toujours le grand-père. Si ma sœur et moi avons subi l'inceste, ma mère l'a forcément enduré aussi. J'ai l'impression qu'elle me cache quelque chose. Peut-être est-ce son secret. Plus les jours avancent, plus j'ai l'impression que c'est cela, la vérité. Je vais même jusqu'à penser que l'histoire du viol collectif a eu lieu parce qu'elle a été victime d'inceste. Je suis en quête de cette vérité. J'ai le sentiment que, non élucidée, elle m'aide à vivre, à tenir debout.

Du côté de l'écriture, le livre avance. Cela me fait beaucoup de bien, même si c'est très éprouvant, usant, bouleversant. Chaque fois que je rencontre Isabelle, nous souffrons. J'effectue beaucoup de recherches pour préciser des points, retrouver des lieux, des noms, des dates, des situations, trouver des preuves… La thérapie et l'écriture du livre progressent en parallèle, reliées par un fil qui se noue peu à peu. Isabelle est à l'écoute, dans l'empathie, et s'imprègne de mon histoire. À ses côtés, j'arrive à me livrer, même si ce n'est pas facile de me confier à une femme. J'ai peur de la choquer ou de la fragiliser. Quand je suis avec elle, il y a plusieurs stades. Lorsque je parle de ma vie, elle prend le relai, met des mots sur le papier, et tout de suite, je vais mieux. Comme si je me libérais d'un poids dès que les mots sont retranscrits. Comme une réaction directe à la prise d'un médicament. Les mots deviennent à chaque rencontre une médecine. Certains, pourtant, sont durs à dire. Je dois les écrire d'abord dans des cahiers à petits carreaux (les grands carreaux me rappellent trop l'enfance, la marge rouge m'est insupportable, alors que les petits carreaux me cadrent) pour pouvoir les lui transmettre ensuite.

Loïck Villerbu me conforte dans ma démarche :

— Quand vous racontez votre histoire, tout vient de vous.

Je suis dans le même état que lorsque j'étais petit et que je suçais mon pouce : je ne suis pas tout seul.

— Avec votre autrice, l'histoire s'écrit, elle devient bien réelle. Tout votre vécu se pose dans les mots.

Écriture, psychothérapie, Isabelle, Loïck Villerbu… J'ai la sensation de me retrouver entre les deux. J'ai deux béquilles et je ne peux plus tomber.

J'aimerais pourtant que l'écriture aille plus vite. Mais raconter mon histoire ne se glisse pas dans un emploi du temps bien calibré. Les mots trouvent leur propre moment, leur propre rythme. Je prends conscience que de les poser sur le papier m'aide à me dissocier de la partie morte qui était en moi. Je m'en détache peu à peu.

J'ai vu l'homme sous toutes ses facettes. Même le meilleur des hommes peut être la pire ordure. Tous les violeurs sont des manipulateurs, des destructeurs, des séducteurs. Mon psychologue m'explique que les meurtriers, les cambrioleurs et les violeurs ont tous le même état d'esprit : celui de la domination. Ce qui les intéresse, c'est de dominer leur proie et de s'en satisfaire. Tant que le violeur ne se fait pas prendre, il continue. Quand il se fait appréhender, il continue. Et peu lui importe de savoir s'il vous détruit.

Un viol, c'est comme un meurtre. Sauf qu'on te massacre et qu'on te laisse vivant. C'est comme si on te décapitait, puis qu'on te remettait la tête sur le tronc et qu'on te disait de continuer d'avancer.

Souvent, une question terrible me hante : pourquoi ne suis-je pas devenu un violeur ? Loïck Villerbu m'explique que je me suis rendu la vie difficile, que j'ai décidé de ne pas être heureux. Être heureux m'aurait mis dans la possibilité de reproduire le viol, comme si ce mode de fonctionnement avait fait partie d'une éducation. J'ai cru aussi que je passais beaucoup de temps au travail pour m'occuper l'esprit. Il constate que ce n'était pas pour cela, mais bien pour éviter de me retrouver dans des situations où j'aurais pu devenir un violeur. Est-ce le fait d'être né d'un viol, et donc d'avoir souffert avant d'avoir été moi-même violé ? Est-ce que la notion d'avoir été abandonné peut être une autre raison ? Je ne pense pas que les enfants qui ont été violés y prennent du plaisir, au point de le reproduire plus tard.

— Non, cela ne tient pas debout, continue mon psychologue. Tout cela ne tient pas la route.

Alors pourquoi ? J'ai été placé et abandonné. Je ne suis pas dans un état d'esprit d'homme dominant. Cela est imprégné en moi depuis longtemps, car ma mère a vécu la même chose. Avoir été dominé m'empêche de dominer : la voilà, la raison. Être dominé m'est insupportable. C'est bien pour cela que je suis devenu chef d'entreprise et que c'est seul que je me sens le mieux. Depuis mon plus jeune âge, j'ai appris tout seul à régler mes problèmes. Et même si beaucoup de personnes bienveillantes m'entourent, je reste le seul en qui j'ai confiance. Je ne veux rien devoir à personne.

Ne rien devoir à personne. Pourquoi ? Pour moi, c'est le facteur « pauvreté » qui me fait raisonner ainsi. J'ai toujours couru après la reconnaissance professionnelle parce que j'ai toujours souffert. Elle signifiait, pour moi, sortir du besoin.

Mais on ne peut souffrir plus lorsque l'on démarre, dans la vie, comme pupille de la Nation. Ce mot m'a sauté aux yeux lorsque j'ai parcouru à nouveau mon dossier de la DDASS. Je ne l'avais pas remarqué avant. Étrange... Il est pourtant écrit noir sur blanc, en gros, sur la page de garde. Je suis né en devant compter sur les autres. Je n'avais pas d'autres choix. Aucune autre alternative. On a toujours décidé pour moi, sans jamais prendre en compte l'enfant que j'étais. Il y a eu de bonnes décisions, mais surtout de très mauvaises. J'étais une chose, et non un enfant à part entière. J'ai passé mon enfance à être trimballé. Aujourd'hui, je ne veux plus que l'on agisse à ma place. Je veux que ce soit moi – et moi seul – qui décide. D'ailleurs, quand j'aide les autres, je n'attends rien en retour. Comme si je voulais me prouver que l'on peut aider son prochain sans abuser. Sans dominer. Et que cela aurait été possible pour moi aussi...

Foyer, famille d'accueil, HLM, pauvreté, vols, Secours catholique... Ils ont tous influencé mes débuts dans la vie, comme une marque de fabrique. J'ai grandi au plus bas de l'échelle sociale, mais ce départ m'a donné la rage et la force de devenir chef d'entreprise. Pourtant, en y arrivant, je suis vite retombé dans les galères de mon enfance : dettes, interdit bancaire, dossier CCSF... Comme si j'étais conditionné par mon passé. Toujours.

Quand je réussis dans mon entreprise, c'est comme si je faisais tout pour retomber ensuite. Comme si je ne permettais pas la réussite. Je me considère encore comme un moins que rien. Là où je me sens le plus fort, c'est quand je suis au fond de l'abîme. Je pense que j'ai été impacté par cette notion de ne rien devoir à personne, au détriment de l'importance de l'inceste.

— Cela peut en être la raison, m'explique Loïck Villerbu, mais ce n'est jamais l'un ou l'autre. Ce n'est jamais « OU », mais bien toujours « ET ». Cherchez plutôt comment les choses ont été combinées.

Pour moi, quatre choses ont été conjuguées : je suis né d'un viol, je n'ai pas été désiré, j'ai vécu l'inceste et je n'ai pas été sauvé. Quatre modes d'abandon. Dans mon mode de fonctionnement, je suis toujours seul.

Et puis, un jour, je remets les compteurs à zéro. Pour quelle raison ? Je l'ignore encore. Peut-être qu'inconsciemment, j'ai pris le chemin qui allait me mener à aujourd'hui. Comme si je disais « stop » et que j'allais mettre tout en œuvre pour tenir ma promesse d'enfant. À chaque problème résolu, je reprends peu à peu confiance en moi. Cela me donne de l'élan, un élan si fort que tout se met en place pour en arriver où je suis.

À l'inverse, je respecte infiniment le choix des autres. Et il m'est impossible de faire du mal à qui que ce soit. J'ai trop souffert. Toute la haine que j'avais, je la retournais uniquement contre moi. Je me sentais responsable et coupable de ce que je vivais. Je voulais me le faire payer, en quelque sorte. Et pourtant... combien d'appels ai-je lancés ?

— Oui, mais personne n'y répondait, m'explique Loïck Villerbu.

Je sens que je bascule vers autre chose. L'avancement du livre provoque de nombreuses questions. Je rencontre quelqu'un qui me connaît depuis tout petit, quand je suis arrivé à Montfort, et qui travaillait alors pour la justice. Il est très affecté par mon histoire, par mon enquête pour retrouver l'identité de mon père, avec deux versions possibles : la mienne et celle de ma mère. Il me conseille, pour ne pas faire fausse route, de prendre un avocat, comme madame Abondo me l'a suggéré, afin d'ouvrir une instruction et d'avoir accès aux dossiers qui concernent les condamnations du grand-père. Ils sont archivés à Nantes. Il me dit que l'histoire de l'homme dans le grenier mérite d'être éclaircie. Peut-être faisait-il simplement son travail. Cela ressemblait tout de même beaucoup à quelqu'un qui venait fouiller pour comprendre mon niveau de connaissance de l'affaire. Son apparition me semble étrange par rapport à tous les éléments que j'ai pu réunir... Mais est-ce moi qui l'interprète ainsi parce que je suis tellement obnubilé par cette recherche de vérité ? J'évoque aussi la possibilité de faire un test ADN avec ma mère, qui lèverait au moins un soupçon (possibilité qui sera invalidée plus tard).

— Par contre, va jusqu'au bout. Tu ne peux plus t'arrêter maintenant, m'encourage-t-il.

Je l'écoute et prends rendez-vous avec un avocat, ou plutôt une avocate, recommandée par Isabelle. Elle est spécialisée dans l'inceste et les violences faites aux femmes. En deux minutes, comme avec Isabelle et Loïck Villerbu, je me sens en phase. Le rendez-vous, finalement, dure deux heures au lieu d'une. Une superbe rencontre. L'avocate veut tout savoir, de l'histoire de l'enfance de ma mère à maintenant. Je cite tout le monde, les agresseurs de ma mère, ceux de ma sœur et les miens. Elle prend tout en considération et me confirme que ce que je désire aujourd'hui m'est nécessaire pour continuer d'avancer en paix.

Pour qu'elle puisse avoir accès à certains éléments qui permettraient de répondre à mes dernières questions, elle me confirme qu'il faut absolument qu'une instruction soit ouverte. Une enquête centrée sur mon oncle suffirait pour explorer des dossiers datant de l'époque de ma mère. Elle me confie que l'on « retrouve la toile ». Sur le coup, je ne saisis pas trop, mais elle s'explique :

— Souvent, quand on parle d'inceste, surtout quand on arrive enfin à déposer plainte, le gendarme pense que cela s'arrête aux agressions, aux faits que la victime a subis. Mais, quand on est *incesté*, l'histoire part dans tous les sens. Vous, votre toile est incroyable. J'ai rarement vu ça.

Un jour, Loïck Villerbu me donne des devoirs. La consigne ? Je dois poser sur une feuille A4 blanche des signes, des mots, des personnages qui représentent des événements pouvant être identifiés. Entre chaque événement, il me demande de tracer des pistes. Cela caractérise ma toile, ma place, mon territoire. Dans cet espace est représenté ce qu'il s'est passé dans le temps. Mon temps. J'apprends à me repérer dans mon espace. Tel un sportif qui analyse son corps pour se le réapproprier.

La toile. Ce piège dans lequel tout *incesté* tombe, se retrouvant au centre, conséquence d'autres événements qui lui échappent. Cette toile qui englue la victime, aussi, qui ne peut jamais s'en détacher. Cette notion de toile m'enlève un poids : la question de savoir pourquoi cela m'est arrivé, à moi, trouve des réponses. Je ne peux plus me dire que je suis responsable. Je ne suis pas responsable de l'environnement dans lequel on m'a fait évoluer. J'y ai été emprisonné. Mais, en effectuant toutes ces démarches, je coupe aussi les fils dans lesquels sont emprisonnées plusieurs générations. Les secrets de famille sont dévoilés. Je libère d'autres personnes, et surtout, mes enfants n'auront pas à subir ce poids.

Avec mon avocate, j'évoque le dépôt de plainte de 2003. Elle y constate directement de nombreuses zones d'ombre. En plus de s'occuper de mes affaires, elle me dit qu'elle va mettre le nez dans celles de ma sœur. Elle aimerait aussi interroger l'homme du grenier, car les circonstances de notre rencontre lui paraissent plus qu'intrigantes. Elle est déterminée à m'aider et m'encourage à poursuivre l'écriture du livre. Elle me confirme d'ailleurs que de ne pas nommer les agresseurs est une très bonne idée.

— Trop souvent, on retient les noms des criminels, des terroristes ou des barbares, mais jamais ceux des victimes. Les citer, c'est comme les honorer.

Elle sourit quand je lui dis que je pourrais les identifier à des personnages : Tonton serait le croque-mort, Tatie, Cruella, un de leur fils, Averell, et mon oncle, Jabba... Elle sourit à nouveau. Cette rencontre me fait énormément de bien. Je pense qu'elle manquait au cercle des personnes qui m'entourent désormais. Elle devient mon lien entre l'histoire et la justice. En lui expliquant le protocole que j'ai mis en place pour me reconstruire, j'évoque le vendredi, ma journée *off*, qui me sert à faire mes soins, du sport, mes rendez-vous médicaux, ma thérapie, l'enquête et l'écriture du livre. Le vendredi, c'est jour de combat. Je boxe à ma façon. J'encaisse, mais cette fois, je tiens debout. Et surtout, je rends les coups.

L'avocate me dit que, sur mon agenda, le vendredi, je peux désormais ajouter son nom. Elle m'alerte sur la lenteur de la justice, sur le fait qu'elle peut être injuste, mais qu'elle saura relancer régulièrement les autorités pour essayer de faire avancer les choses. J'ai confiance en elle. C'est instinctif. Je sens qu'elle est touchée par mon histoire, tout comme Isabelle. Des femmes de cœur.

Ma propre enquête est terminée. Je ne peux aller plus loin tout seul. Il faut que je passe la main.

De mon côté, je suis obnubilé par une seule question : qui est mon père et qu'est-il arrivé à ma mère ? Je décide d'aller rencontrer l'une de ses cousines. J'ai été violé la dernière fois lors de son mariage. Je souhaite également voir la vidéo de la journée pour vérifier que mon oncle était bien présent. Elle m'assure qu'il n'était pas là et que tout ça est un mauvais rêve… comme si j'avais encore besoin de me persuader que c'était bien réel. Je fais le voyage en avril 2022. On ne s'est pas revus jusqu'à cette date, on ne se serait jamais reconnus. Mais, lorsqu'elle se met à parler, je suis troublé par le timbre de sa voix, exactement le même que celui de sa mère, Suzanne. Nous parlons du passé. Je pose de nombreuses questions. Ses réponses confirment ce que je sais déjà, ce que je ressens. Le témoignage qu'elle livre sur l'enfance de ma mère lui fait prendre une autre dimension. Et puis elle sort le vieux projecteur pour passer le film de son mariage. Nous fermons les volets pour mieux voir les scènes jaunies. L'atmosphère dans la pièce s'alourdit. J'ai du mal à respirer. Je reste debout pour affronter les images qui défilent. Sur l'écran blanc déployé, le mariage à la mairie, puis la fête... Je retrouve tous les détails, la grande tente blanche, le parquet, la tablée... Je reconnais les personnes une à une et je le cherche partout... D'un seul coup, il apparaît. Il est bien là, mon oncle, au milieu des convives. Revoir ces images, toutes ces personnes, me replonge instantanément dans mon passé. Me rappelle combien j'étais mal. J'étouffe.

L'histoire de la fuite de ma mère avec moi, nouveau-né, dans les bras, remonte à la surface. Je l'ai entendue de sa bouche, de celle de Suzanne, qui s'est mise à pleurer en la racontant. La cousine de ma mère, elle, vingt ans plus tard, me révèle carrément que le grand-père l'a violée. Encore une chose qui me fait dire que je ne peux pas me tromper. Si je sais que l'histoire du viol collectif est probable, seule ma mère la raconte. L'histoire du grand-père, rapportée par trois personnes, l'est aussi... Pourtant, la seule chose dont je suis sûr, c'est la violence du grand-père. Mais jusqu'où a-t-il été ? Et jusqu'où ma mère peut-elle aller dans sa vérité ? Est-ce qu'elle-même la connaît ?

Même si cette rencontre confirme la présence de mon oncle au mariage, elle provoque aussi d'autres questions toujours sans réponses. Que le grand-père ait peut-être abusé de sa fille alors qu'elle était devenue mère renforce en moi l'idée qu'il ait abusé d'elle lorsqu'elle était enfant, quand elle avait moins

de possibilités de se défendre. Le fait qu'il ait continué, sans s'inquiéter de savoir qui pouvait être le père de l'enfant, me conforte dans cette conviction. Il aurait pu également le faire avant ce jour où elle a fui. C'est-à-dire qu'il pourrait être mon père, comme je le soupçonne depuis toujours. D'ailleurs, le jour de sa mort, en 2007, ma mère me l'annonce ainsi :
— Ton père est mort...

Je ne comprends pas pourquoi la version de ma mère ne me semble pas crédible. Je ressens profondément que c'est mon grand-père, le coupable. J'ai la conviction d'avoir subi l'inceste, ma sœur aussi, parce que ma mère en a elle-même été victime.

En partant, je demande à la cousine :
— Est-ce que tu sens que je suis le fils de ma mère ?
Elle me répond :
— Oui, sans aucun doute.
Lorsque j'arrive à ma voiture, elle me glisse :
— Qu'est-ce que tu ressembles à ton grand-père !
Je lui rétorque :
— Il ne faut pas me dire ça !

L'identité de mon père est une énigme. Je n'ai pas d'éléments qui prouvent que je suis né d'un viol collectif ou de celui perpétré par mon grand-père. Je suis obligé de me fier à mes ressentis et aux dires de chacun. Je suis obnubilé par ça. C'est la pièce du puzzle qui manque. On dit que la présence d'un père pour l'enfant est primordiale, et le fait de ne pas savoir qui il est, invivable. Cette absence de vérité est insupportable. J'ai toujours besoin de pouvoir identifier toutes les personnes que je croise. C'est une véritable obsession. Un réflexe de protection de l'inconnu. Mes seules certitudes, ce sont les viols que j'ai subis et ceux de ma sœur, dont j'ai été témoin. Mais le vide du père, absolu, sans fin, est comme le vide dans lequel je me jette dans mes cauchemars...

Chercher cette absence de vérité est la seule chose qui me fait avancer.

Je me dis que de révéler à ma mère que je suis en train d'écrire un livre pourrait déclencher des confidences. Le fait de me mettre à nu, de me raconter pourrait lui donner la force de se libérer. De pouvoir en parler sans honte. Parce que c'est bien cela qui nous plonge dans le silence : la honte.

La thérapie continue. Je m'interroge sur ce que je ressens par rapport au grand-père s'il n'est pas mon père. A-t-il fait subir l'inceste à ma mère ou « juste » de la violence ? Même si ces pistes se révèlent fausses, mon psychologue m'explique que, ce dont nous sommes sûrs, c'est de sa violence, et que, ce que je ressens, c'est cette domination. Encore elle. Celle qui m'a suivi toute ma vie, contre laquelle j'ai toujours lutté. Et que je n'accepterai jamais. La thérapie m'ouvre d'autres portes. Par rapport à ma sœur, je ne réalise que maintenant à quel point j'étais terrorisé pour ne pas lui être venu en aide. Je trouve terrifiant de ne pas avoir pu parler pour elle. J'étais tétanisé. Avec le recul, je saisis entièrement le sens du mot « emprise », à quel point j'étais traumatisé. Je comprends combien cette emprise était totale, et enfin toute son ampleur maintenant que je ne la subis plus.

À l'enterrement du père de Samuel, je revois toute la bande de copains de mon enfance. Ils sont maintenant au courant de tout ce qui m'est arrivé. À la sortie de l'église, ils viennent me saluer les uns après les autres, tous écœurés de n'avoir rien vu. Ils n'ont jamais eu le moindre soupçon. Ils savaient juste que j'évoluais dans un climat compliqué… mais de là à imaginer toutes ces horreurs… Ils m'interrogent :

— Mais quand on buvait, qu'on fumait… cela n'était pas festif ?

Je leur réponds négativement, car je me défonçais pour oublier.

— Mais comment as-tu fait pour tenir, Manu ?

Leurs voix s'étranglent, puis s'éteignent. Ils sont sous le choc.

Mon entourage me trouve fort. Mais ce mot n'évoque rien pour moi. Je raconte juste ma vie. Je n'ai pas vraiment d'autre choix que de tenir debout. Je suis courageux depuis que je suis né. Je ne peux compter que sur moi. Je suis saccagé, déséquilibré. Je ne peux pas me concentrer. Mais je suis encore vivant. Brinquebalant, mais vivant. Je vais mieux, pourtant. J'ai de nouveau un pied dans la vraie vie : appartement, travail et enfants remplissent mon quotidien. Je me « recadre » peu à peu. Me confier à Loïck Villerbu et à Isabelle me fait du bien. De plus en plus. Je sens que je suis dans un moment charnière.

Loïck Villerbu me dit :

— Vous avez mis de l'ordre dans tout, c'est une deuxième épreuve.

J'ai l'impression d'achever une première étape alors que je suis sur le point de revivre des épreuves d'une puissance encore plus machiavélique. Affronter la suite pour quitter davantage mon passé. Je pensais que tout ce que j'avais fait avant allait suffire, mais ce n'était qu'une étape dans ma reconstruction. J'ai tellement besoin de tout comprendre aujourd'hui. Avant, j'avais trouvé un catalogue rempli de parades pour affronter tout ce qui m'arrivait. Aujourd'hui, j'ai besoin d'affronter la réalité pour avancer. Mon cerveau ne fonctionne plus de la même manière. Je suis de moins en moins victime et plus acteur. Je n'ai plus les mêmes repères. Je suis « moins mort ». Plus vivant.

— Être clair, c'est tout le travail que vous avez fait jusqu'à présent, de pouvoir vous le dire à vous, d'accepter complètement d'être une victime et de l'affronter. Maintenant, c'est le deuxième mur, la deuxième étape. Celle de le démontrer, de le dire. Et pour cela, il faut passer par des dossiers, des consultations, des preuves, des traces… Il fallait oser, quand même, conclut Loïck Villerbu.

Loïck Villerbu me confie :
— Vous pourriez être la définition de la force de vie.
Je lui réponds que mon entourage me dit la même chose, mais que j'ai du mal à le ressentir. Pour moi, je n'ai fait qu'avancer. C'est juste mon histoire et je n'en ai pas honte. Le psychologue me reprend alors avec insistance :
— Vous n'en avez plus honte. Ce n'est pas pareil.
C'est vrai que j'ai de l'aisance maintenant pour me raconter. Je vais d'ailleurs quelquefois trop vite, certaines personnes sont bousculées. Je leur fais de la peine, certaines pleurent.

— Monsieur Villerbu, il va falloir que je sois bien le jour où je m'adresserai à un public. Car je n'ai pas l'intention d'en

rester là. Retracer mon histoire, je le veux depuis tout petit. Je me le suis toujours promis. Mais, pour cela, il faut que j'aie la force de le faire. Et avec les bons mots. Le but ne sera pas de raconter aux autres ce qui m'est arrivé et puis… *ciao bambino* !
Il me répond :
— Le but, c'est de les aider à comprendre leur histoire.

Nouvelle séance. Je me demande pourquoi aujourd'hui j'ai fait la démarche de vouloir me soigner.
— C'est une très bonne question.
En effet, je veux bien continuer à vivre, mais uniquement si tout devient différent. J'accepte de l'aide. C'est tellement nouveau pour moi ! Le psychologue m'a dit, quelques séances auparavant, que nous ne sommes pas tous programmés pour la même chose, que certains ont une mission. Je ressens cela très fort. J'accepte mieux mes différences. J'ai un message à faire passer, il faut que je m'y attelle. Et j'ai toujours su que mon besoin premier, c'est de vivre mes émotions. Il n'y a que cela qui compte pour moi. La seule chose qui me rend heureux. C'est peut-être ce que mon psychologue nomme « force de vie ».

Isabelle m'interroge sur mes croyances. Je ne sais pas ce que je suis, en quoi je crois, mais la foi me parle. J'ai l'impression d'avoir la foi. Quand je demande à Loïck Villerbu si, lorsque j'ai dit qu'un jour je parlerais, cela m'a accompagné et aidé à rester debout, il me répond que oui :
— Il y a toujours eu quelqu'un avec vous, au contraire d'autres personnes. Et cela vous a aidé.
Je lui précise que, jusqu'au jour où j'ai libéré ma parole, j'avais oublié cette promesse. Je m'en souviens aujourd'hui

comme si c'était hier. Je me revois, moi, le petit blond, allongé sur la pelouse devant la maison de la famille d'accueil. Ma petite sœur est à l'intérieur, enfermée à clef.
— Un jour, je vais tout balancer...

Au début du travail d'écriture, mes récits sont flous, confus. Mais une histoire commence à naître. Mon histoire. La thérapie m'y aide beaucoup. Elle fait ressortir des épisodes entiers : des scènes, des phrases, des odeurs... J'ai toujours en mémoire l'odeur de son sperme, son haleine fétide. Tout est d'une précision saisissante, alors que tout semblait oublié, effacé. C'est l'amnésie traumatique. Tout était pourtant bien là. Alcool, couleur jaune, pastis. Cigarettes, brunes, gauloises. Bande-son : Johnny Hallyday, *J'ai oublié de vivre*. Le psychologue fait ressortir tout, mot par mot :
— Ça se raconte.
Et maintenant, ces mots dans un livre. Ma vie se transforme en préface, en chapitres...

J'écoute Johnny Hallyday jusqu'à l'overdose, alors que ce n'est pas la musique que j'aime... comme mon oncle, comme si je continuais à alimenter des choses qui me ramènent à lui. Loïck Villerbu m'explique que le violeur ne s'insinue pas uniquement dans le corps des victimes, mais aussi dans leur tête. Elles deviennent une part de lui. Depuis cette séance, je n'ai plus écouté une seule note de Johnny.

Je me pose des questions sur la durée de la thérapie.
— C'est unique pour chacun.
Avant les séances, je suis un peu perdu. Après, je suis rassuré.
— Vous avez ouvert la boîte.

J'avance sans savoir. Quelquefois, pendant une semaine, il ne se passe rien, et pendant une autre, il se passe tout. Des moments de calme plat où tout est concentré.
— C'est vous, ça. C'est typiquement vous.
C'est mon mode de fonctionnement. Comme si j'avais besoin de me ressourcer avant de repartir au combat.

Je vis une double vie, en quelque sorte : la thérapie me fait replonger dans mon passé, ma vie me fait exister dans le moment présent et la projection. La thérapie me fait remonter les fils de mon histoire, que je dépose. C'est comme si elle existait quelque part. Elle ne m'appartient plus. Comme me le dit mon psychologue, « ça se raconte ». Je me rends compte que ma vie a évolué, qu'elle est moins associée à l'inceste. Que je peux vivre à côté. Je subis de moins en moins. Je me sens un peu plus libre. Je sors de mon corps d'enfant, de ma chrysalide. Tous mes repères se sont envolés. Mais j'arrive désormais à avancer. Ma capacité de concentration est plus forte. Je prends les choses en main. J'ai de moins en moins besoin d'être secondé, d'avoir des intermédiaires pour avancer dans mes démarches. C'est la toute première fois de ma vie que je suis capable de fonctionner ainsi. Ma tête était bien trop remplie, en chantier permanent. Il y a désormais de la place pour de nouveaux projets.

Côté écriture, relire les mots d'Isabelle me fait mal. Quand je lui raconte mon histoire, les paroles sont pourtant fluides. Mais, quand je les vois écrites, cela m'impacte énormément. Les faits deviennent réels. Je réalise ce que cet enfant a dû mettre en œuvre pour tenir debout et ne jamais sauter dans le vide qu'il ressentait tant.

Par moments, Isabelle et moi avons besoin de nous détacher de l'écriture, quelquefois pendant une, deux ou trois semaines. C'est pesant pour moi parce que je me raconte. Pour Isabelle, parce qu'elle a l'inceste devant les yeux. Elle le voit, le ressent et l'écrit.

— Chacun est capable de le lire dans la presse, mais de là à se demander pourquoi et comment cela existe... me confie Loïck Villerbu.

À chacune de nos séances, avec Isabelle, nous finissons très éprouvés, mais la bienveillance et le respect mutuel nous donnent la force d'avancer. Nous ne faisons qu'un dans ce témoignage. Et nous avons aussi nos astuces pour nous détacher des mots si compliqués à dire et à écrire. Et même beaucoup de rires au milieu des larmes. Comment continuer, sinon ?

Victime ou non-victime. Tout le monde, absolument tout le monde a croisé un *incesté* ou un agresseur. Les chiffres sont éloquents : 10 % des enfants seraient victimes d'inceste, 50 % des victimes ont moins de 12 ans, 80 % sont des filles ; 98 % des auteurs sont des hommes, majoritairement dans le cercle familial. D'après un rapport de la CIIVISE[13], 160 000 enfants sont victimes d'agressions sexuelles chaque année. Par ailleurs, un enfant meurt tous les cinq jours dans son environnement familial sous l'effet de ces violences. Quand vous entrez dans une classe et que vous regardez tous les enfants, vous croisez le regard de trois victimes.

---

13 Commission indépendante sur l'inceste et les violences sexuelles faites aux enfants.

Je suis désormais au plus fort de ma thérapie. Au plus fort du livre, aussi. Je sens que je suis à un moment crucial, mais surtout que je peux exploser en plein vol. Mon psychologue me propose alors de l'appeler en dehors des séances, à n'importe quel moment. Il insiste. Je lui demande :
— Vous annoncez la couleur ?
— Oui, c'est tout à fait cela.
Je suis prévenu. Mais je n'ai pas peur. Je vais me préparer comme un sportif de haut niveau en multipliant les séances d'entraînement afin d'évacuer mes angoisses et de mieux affronter les jours à venir. Plus rien ne peut m'arrêter.

Justement, autour de moi, je dois subir les égos de beaucoup. Des discours tenus par des proches qui connaissent pourtant bien ma situation, mais qui sont, en réalité, plus préoccupés par la leur, et surtout indifférents à la mienne. Je suis sidéré. Je ne quémande pas d'aide, mais juste de l'empathie et de la compréhension. Beaucoup me jugent, alors que je préférerais qu'ils me demandent simplement comment je vais. Nombreux sont ceux qui ont du mal à comprendre que tout a changé.
— Tu n'es plus comme avant.
Je me sens complètement différent, comme si je n'appartenais pas au monde dans lequel j'évolue. C'était déjà le cas avant, mais maintenant, cela prend des proportions énormes. Je suis déterminé à ne m'entourer que d'énergies positives. Je vais faire du tri. Beaucoup de tri. Et surtout, apprendre à dire non. Les gens, eux, vont devoir ouvrir leurs yeux et leurs oreilles.

Ma fille Élise est de retour de Montpellier. Elle m'accompagne pour aller chercher sa petite sœur à l'école. Nous mangeons ensemble, elle reste dormir. Nous faisons du sport, de la musculation, du *running* en forêt... On regarde Roland-Garros. Elle me redonne de l'énergie. Je suis ému de ce temps partagé, et visiblement, elle aussi. Au moment de son départ, elle me confie qu'elle est trop contente de cette semaine passée ensemble. Je lui réponds que moi également. Élise, ma fille si persévérante, Enzo, mon fils miroir, si sensible, et Erell, qui sait si bien me projeter vers la lumière. Quel soutien indéfectible ! Il va être essentiel pour poursuivre ma route.

Quelquefois, j'ai envie de faire mon sac et de partir à l'autre bout du monde... mais ce n'est pas encore le moment. Il reste des choses à affronter. J'entreprends des démarches.
— Enfin ! me dit Loïck Villerbu.

Je sais que, quand le livre sortira, je n'aurai plus besoin de me replonger dans le passé. C'est comme si c'était un compte à rebours pour un nouveau départ. Écrire le livre et me reconnecter ensuite au présent est infiniment compliqué. Je pourrais abandonner pour ne me concentrer que sur l'avenir, mais je sais que ce n'est pas la solution et que cela me referait chuter. Alors, j'accepte de vivre cette période de souffrance pour finir ma thérapie – moi, à qui l'on a toujours répété que je ne finissais jamais rien.

Pourtant, j'ai l'impression de revivre ce que j'ai vécu quand j'ai libéré ma parole. Je suis encore dans l'attente, une situation dont j'ai horreur. Certains dossiers sont maintenant refermés. D'autres sont à ouvrir... mais sans instruction, ils ne le seront jamais. Prescription, pas prescription ? Mon oncle sera-t-il jugé ? Et le dossier de ma sœur ? Sera-t-il réétudié ? L'élu sera-t-il interrogé ? Est-ce que je connaîtrai la vérité sur les faits reprochés à mon grand-père ? À toutes ces questions, je n'ai pas de réponses. Cela fait maintenant trois ans que l'enquête est ouverte. Que la justice est longue pour les victimes !

Pour essayer de penser à autre chose – enfin, si c'est possible –, je pars en Grèce avec mes enfants, où je rejoins Denis, sa famille et ses amis. Je suis loin, je n'ai jamais été aussi loin de ma vie. Cela me fait beaucoup de bien. Puis je pars à Belle-Île fêter mes 50 ans. J'ai réuni mes amis bretons et ceux qui étaient là pour mes premières vacances sur l'île. Je n'ai plus envie de tricher. J'ai envie de vivre ce que je veux vivre. J'ai envie de prendre du recul et de m'entourer de gens qui me ressemblent, qui me permettront d'être moi-même. J'ai l'impression d'être de plus en plus en phase avec la personne que je deviens.

Encore une fois, l'envie de m'isoler est grande. Je ressens le mal-être des autres, intensément. Je réalise que je suis dans ce monde et que ce n'est pas bon pour moi.

L'idée de retaper un camion et de parcourir le monde m'obsède plus que tout. Belle-Île et Saint-Jacques-de-Compostelle me trottent dans la tête. J'ai envie de m'entourer de belles choses, de beaux paysages, de l'océan, de personnes qui sont dans l'entraide… Après avoir libéré ma parole, j'ai dû reprendre contact avec le monde et me socialiser à nouveau. Mais, avec la thérapie, il m'est impossible de cohabiter avec toutes ces personnes qui se cachent derrière les apparences, faisant semblant d'aller bien. Mon combat autour de l'inceste me demande une énergie incommensurable. Le peu qu'il me reste, je veux le garder pour les belles rencontres.

Je guéris, mais ce n'est pas fini. Les sensations reviennent enfin. Tout était bloqué. Je commence à entrevoir quelques lueurs. Je m'autorise à retrouver des moments de plaisir. Je suis reconnaissant du travail effectué avec Loïck Villerbu, qui m'aide énormément. Mes enfants me soutiennent afin que je me tourne vers la joie. J'avais peur pour eux tout le temps et j'étais protecteur. Sans doute trop. Je leur interdisais des sorties, les surprotégeais, et cela a paralysé notre relation. Avec ma dernière, tout est différent. Mes aînés me le font remarquer, mais pour souligner que je vais mieux. J'arrive désormais à les encourager, à les laisser effectuer leurs propres choix. Un vrai lien père-enfant commence à se tisser. La confiance s'installe enfin et je la vis pleinement. Un amour sincère aussi, qui apaise mes souffrances. Quand je me suis séparé de leur mère, j'avais tellement, mais tellement peur qu'ils aient l'impression que je les abandonnais ! Le schéma de la vie d'avant ne pouvait me rendre heureux, même si leur mère est merveilleuse. Je culpabilise moins. Ce n'est la faute de personne. En tout cas, pas la nôtre. L'inceste te ronge. L'inceste te détruit. L'inceste t'empêche de vivre ta vie. Cette vie de famille me ramenait à trop de choses. Elle me ramenait insidieusement à ma propre histoire, alors que mon objectif, en fondant une famille, était de m'éloigner de l'horreur que j'avais vécue. Au contraire, plus les années passaient et plus elle m'y ramenait. Il a fallu que je détruise ma propre famille pour pouvoir guérir. Pour pouvoir me sauver.

Aimer, pour moi, c'est compliqué. J'ai trop souffert pour envisager un avenir. Je n'ai pas été conçu par amour, je suis né d'un crime. Je n'ai pas de représentations positives de ce sentiment, je vis dans la haine. J'ai été élevé par d'autres personnes que mes parents biologiques, dont je n'ai pas connu l'amour. Et ceux qui m'ont élevé m'ont violé. Je ne me plais pas dans la peau d'un adulte. J'aurais aimé rester un enfant. Parce que je n'ai pas eu d'enfance, je veux donc en vivre une. Avec la famille que je me suis construite, je me rends compte que j'ai été un fantôme.

— Pour vivre un épanouissement total en famille, explique Loïck Villerbu, il faut aussi proposer la meilleure version de soi.

Mais moi, je suis trop détruit. Je n'ai pas de filtres. Je n'ai pas de modèles. Je n'ai confiance en personne, et surtout pas dans les hommes. Je me vois comme un moins que rien. Je suis de la marchandise. Je suis un enfant qui n'a jamais eu le moindre regard tendre sur lui, uniquement des regards de criminels. L'insouciance m'est inconnue. Je me méfie de tout le monde.

Quand on a vécu la souffrance, on ressent la souffrance des autres. Depuis que je suis tout petit, j'ai toujours senti que je baignais dans quelque chose de malsain. Mon grand-père est un criminel. Mon père est un criminel. Mon oncle est un criminel. Ma famille d'accueil est criminelle…

Je ne pourrai jamais être tranquille. Avant de libérer ma parole, je subissais et j'avais l'impression que le temps s'éternisait. Maintenant, je ne subis plus et le temps défile à toute vitesse. La temporalité est complètement éclatée.

La thérapie me permet de me purifier. Au fil du temps, j'ai appris à être heureux avec presque rien. Aujourd'hui, en ayant un peu, je suis le plus heureux des hommes. Et un seul mot me guide désormais. Amour.

ÉPILOGUE

Je me sens bien. Je dors mieux. Je rêve, aussi. J'arrive à me concentrer. Je règle les problèmes un à un. J'ai le sentiment d'être au bout de ce que j'avais à accomplir. J'ai l'impression de vivre enfin un nouveau départ. Après trois ans de thérapie, je comprends que je ne pouvais m'en sortir que par moi-même et ne rien attendre du monde extérieur. Par contre, l'inceste restera toujours incrusté en moi.

La justice porte mal son nom. Je l'associe à la politique. Que du vent ! C'est du mytho. Il n'y a rien à attendre d'elle pour que cela change enfin. Je ne sais pas comment on pourra anéantir cette culture du viol tellement elle est ancrée dans les mœurs. Aucun chemin n'en prend la direction, malgré l'engagement des militants et toutes les actions qu'ils déploient.

Ce qui me fait le plus de mal, ce n'est pas de savoir qu'il existe des pédocriminels, mais bien qu'il y ait encore des milliers de victimes, tapies dans l'ombre, qui souffrent comme j'ai souffert. Parce que c'est fatigant de vivre en tant que victime. On ne vit pas notre propre existence. Les victimes qui ne se font pas aider pensent survivre comme cela jusqu'au bout. Mais, un jour ou l'autre, tout explose.

On se bat beaucoup pour que l'inceste n'existe plus, mais on devrait plutôt concentrer nos efforts vers ceux qui l'ont subi. J'imagine une seule et même organisation, et non des centaines positionnées les unes à côté des autres... Une unique organisation, forte, pour défendre toutes les victimes. On pourrait ainsi occuper tout le territoire et tisser notre propre toile pour, cette fois, y piéger les agresseurs. Car toute l'énergie déployée pour les enfermer, il faudrait l'utiliser pour s'occuper des victimes et de l'éducation des enfants. Ce qui m'a sauvé, ce n'était pas de savoir que mes agresseurs allaient pouvoir éventuellement se retrouver en prison, mais bien d'avoir suivi une thérapie. Les victimes doivent être accompagnées, car, si elles ne sont pas soignées, elles ne pourront pas se relever et partir au combat. Si toutes les victimes étaient suivies, nous aurions une armée de soldats positionnés à chaque coin de rue et nous pourrions exterminer l'inceste.

Aujourd'hui, la parole se libère, les histoires sont mises au jour. Et pourtant, rien ne change. Les femmes qui ont la force de dénoncer leur mari se voient retirer la garde de leurs enfants, qui restent entre les mains du père incestueux ou sont placés dans une famille souvent incestueuse. Les enfants qui parlent voient leur parole remise en cause. Les violeurs, même s'ils ont été dénoncés, sont trop souvent protégés. Encore plus quand ils font la une des journaux télévisés...

La haine ne sera pas la solution. La haine est dans l'ADN des criminels. Ils nous l'ont transmise, à nous, les victimes.

ÉPILOGUE

Et nous la transmettons à notre tour. Cela n'a aucun sens. Le seul moyen de couper le cordon de cette haine est de se faire soigner. Aller mieux est ma plus grande victoire. Ne plus porter cette haine, ma plus grande richesse. J'arrive même à envisager d'être à nouveau heureux. « L'amour est plus fort que tout. »

Légaliser le viol des enfants ? « Est-ce que nous souhaitons interdire ou autoriser le viol des enfants ? » demande Édouard Durand, malheureusement ancien coprésident de la CIIVISE. C'est le choix de civilisation devant lequel nous nous trouvons aujourd'hui. Les violences sexuelles faites aux enfants, prendre possession du corps de l'enfant par le sexe pour lui dire « tu m'appartiens, tu es ma propriété », ne sont pas une réalité nouvelle.

Il y a 30 ans, on disait que ce n'était pas si grave. Aujourd'hui, la société a compris la gravité des faits. Mais rien n'est entrepris pour que cela change… Ce voile obscur est intolérable. Être violé, c'est prendre perpète. J'ai décidé de ne pas être enfermé à vie le jour où je suis parti de chez moi. Je me suis lancé dans l'inconnu le plus total. Je voudrais tellement que les victimes fassent ce choix pour qu'elles ne soient plus seules !

Je tombe sur Neige Sinno dans *La Grande Librairie* : « Quand on lit, on est seul. Quand on écrit, on est seul. Mais ce sont des solitudes peuplées, des silences pleins de murmures. Je ne sais pas pour qui j'écris. Mais je sais depuis quel endroit je voudrais écrire. J'écris depuis l'enfance, depuis la petite fille que j'étais. Depuis sa colère, depuis son envie de vivre. J'écris en pensant à celles et ceux qui sont passés par là où je suis passée. À celles et ceux qui ont traversé les ténèbres et qui n'ont d'autres choix que de continuer. J'écris pour ceux qui ne sont pas résilients, qui se sont jetés par la fenêtre pour pouvoir arrêter de penser à ça, pour ceux qui vont pleurer en m'écoutant, celles qui vont détourner le regard pour ne pas m'écouter, celles qui ont parlé, celles qui n'ont pas parlé, ceux qui n'ont personne à qui parler, celles qui ne peuvent pas voir, ceux qui ne peuvent pas entendre. Je n'écris pas à leur place, je sais que je ne peux pas. Que personne ne peut se mettre à leur place. J'écris pour leur dire : je sais que vous êtes seul. J'écris pour leur dire "vous n'êtes pas les seuls", moi aussi je suis seule. Nous partageons cette solitude. Nous sommes ensemble dans cette solitude. Cela ne va pas nous sauver, mais c'est toujours ça. »

Avec ce message, je comprends quelque chose de définitif, l'histoire avec ma mère et ma sœur. Tous les trois, nous avons attendu trop de chacun pour pouvoir nous en sortir et aller mieux, mais nous étions trois victimes. Nous étions seuls. Même lorsque nous étions réunis. Comme si nous avions espéré que nos histoires nous rassembleraient. Mais c'était exactement l'inverse. Grâce à la thérapie, j'ai compris que personne ne peut faire quoi que ce soit pour l'autre. J'aime ma mère, j'aime ma sœur, je n'ai pas envie de les perdre. Mais il est difficile d'avoir des liens. Absolument tout nous ramène au passé. Et c'est terrible. Nos chemins se sont éloignés. Aider l'autre veut sans doute dire se perdre. À cause de notre passé, seuls les liens du sang nous relient. Nous n'avons rien pu construire ensemble. Jamais. D'autres ont pris leurs rôles, sont devenus ce qui se rapproche le plus d'une famille et nous n'y pouvons rien. Nous sommes des victimes.

ÉPILOGUE

Désormais, dans cette toile, j'ai enfin des repères. Mon psychologue m'a montré le chemin d'un nouveau départ. Je ressens cette notion au plus profond de moi-même, même si je regrette que cela ne soit pas arrivé avant. Mais je n'aurais pas été aussi fort, de toute façon, ou je n'avais pas assez souffert pour avoir la force de demander de l'aide. Il a fallu que je souffre au plus haut point de ce que je pouvais supporter pour enfin hurler : « Au secours ! » La thérapie est devenue ma plus belle formation. Une école qui me rend heureux. Pas d'évaluations, mais de l'écoute. Une école qui s'adapte à moi au plus profond de mes émotions.

— Vous avez accepté que je sois à vos côtés, me dit Loïck Villerbu. Chose qui n'était pas possible pour vous avant. Maintenant, « être avec » est devenu possible.

La thérapie. Le livre. Je me sens renaître. Et, quand je demande à Loïck Villerbu quel héritage je laisse à mes enfants, il me répond :

— Il faut dire.

POSTFACE

Et tout un chacun, quel que soit son genre, ayant été traversé par de semblables agressions incestueuses se reconnaîtra. Ce livre est un quasi-manuel de rescapé psychotraumatique. Il a fallu une quarantaine d'années pour qu'une issue puisse être inventée : souffrant devenu victime, transformé en conteur pédagogue, l'auteur en appelle autant à la justice et à ses désordres ordinaires qu'à des offres sociopsychologiques de vigilance et de soutien, aujourd'hui quasi-invisibles. Cela pour dire l'extrême solitude dans laquelle il a pu se trouver, faute d'avoir pu être entendu.

Un itinéraire s'était engagé, un parcours de colères, aux épouvantes renouvelées, pour lui-même et pour sa sœur, exposés sans défense à des comportements qui cachent leurs agressions sous couvert de caresses, venant détruire tout ce qui faisait intimité, mettant au jour l'intimité du corps par sa disparition : agressions sexuelles, viols et conduites incestueuses. Et de là, la recherche d'interlocuteurs qui ne seront jamais ceux qui auraient pu donner des réponses et du sens... Un questionnement qui toujours se rétracte...

Une trajectoire généalogique maintes et maintes fois étudiée, dans l'absence de tout savoir sur son propre géniteur, supposé alors être impliqué dans un viol collectif, subi par sa propre mère. Une trajectoire d'enfants placés chez des tiers qui s'avéreront les auteurs jamais remis en cause par les services qui les leur avaient confiés.

Un vœu, un ordre fait à soi-même, avait fait sens sans qu'un guide soit trouvé : « Un jour, je vais tout balancer... » Affirmation intenable, puisqu'elle supposait de mettre encore un peu plus en danger l'entourage proche – ceux-là qu'il s'agissait de protéger – et de s'exposer à de plus grandes solitudes.

D'une interrogation incessante, « qui est mon père ? », « de qui suis-je ? », qu'aucune réponse ne viendra satisfaire, naîtra une solution : se rendre absent. Ainsi s'affirmera une loyauté qui elle-même couvrira d'autres situations d'agressions subies par sa sœur. Et s'élaboreront toutes les incertitudes, les allers et retours : il ne tiendra pas en place.

Ainsi s'est fondée une existence à laquelle nul entourage ne viendra suffisamment répondre. Absence, manque, déficience ou exil... Comment dire ce qui se répète et se cherche dans des absences ? Que celles-ci se fassent toxicomanie, consommations abusives de produits, des autres, du sexe, de la proximité, vols, rien ne tient et ne devait tenir, puisqu'était acquis, habité, le grand trou, l'abîme, la grande absence.

Tout dire à qui de droit. Se mettre à courir pour le dire, aller de coin en coin, trouver des coins et tenter d'y habiter...

Tel fut le parcours, fait d'une recherche d'issues, d'après coup, avec un dénominateur commun : comment faire pour ne pas oublier ce que j'essaie d'oublier ? Parcours typique, profil de constructions post-traumatiques, mais parcours conduit par une forme d'exigence, de promesses faites à soi-même : aider, soutenir ceux qui sont en difficulté eux-mêmes. Fidèle à cette parole, « un jour, je dirai », et se mettant à l'œuvre pour réunir les conditions attendues pour se faire entendre. Non plus crier, mais démontrer. Fidèle à soi-même sans contribuer au naufrage du groupe familial.

Et puis, un autre jour, rendu possible par la réappropriation d'une parole laissée dans la vengeance : un autre temps, aller témoigner, parler dans la langue d'un autre, se faire témoin d'un état de victimisation, soi-même comme victime, dans les mots convenus et accrédités par un savoir étranger : le droit, la psychologie, la psychiatrie, la psychothérapie – avocate, psychiatre, psychothérapeute. Découvrir comme possible le fait d'être saisi par la langue d'un autre, sans que cela ait quelque rapport que ce soit avec la langue et les gestes de l'agresseur initial.

« Les fantômes ne m'auront pas. » Habiter devient possible. Être parent, sans être envahi par la culpabilité, s'éprouve. Se rendre aux normes ordinaires ne veut plus dire être dominé… L'initiateur des ruptures existentielles est évoqué : « cet homme, je le connais, j'ai enquêté sur lui… je sais son statut social… »

« Le dénoncer pour le détruire » ou pour faire de cette situation une injonction à créer prévention et soins ? Vingt ans lui ont été nécessaires.

Les fantômes sont toujours là, réticences et folle envie d'être ailleurs, pour échapper à ce qui par moments submerge, ou au contraire se laisser engloutir. Puis, parallèlement, façonner, refaçonner son propre corps, le corps meurtri des autres… en symétrie à ces pensées de collège, « démonter les monstres », et aux expériences envahissantes de dissociation.

Emmanuel Breton a trouvé un double pour écrire. Un partage dont les traces sont bien présentes dans le corps du texte, le lecteur en est maintes fois témoin. En faisant de son expérience un lieu de partage, le pari initial est tenu. L'auteur est fidèle à lui-même, pédagogue. Une autre histoire est en cours. La dévoiler devient une tâche nécessaire, tout autant pour les victimes que pour ceux qui sont chargés de veiller à ce qu'il n'y en ait pas ou plus.

Loïck Villerbu
Psychologue, psycho-criminologue
Septembre 2024

TABLE

PRÉFACE	5
Libérer sa parole	7
Noël 2002	15
Promesse tenue	21
Maman	29
Enfance empêchée	35
Machine à laver	41
Rue de la Paix	49
L'inconcevable	53
Montfort-sur-Meu	61
Années collège	65
Années lycée	77
Mon plus grand chagrin	87
Avancer à reculons	95
Covid	111
Prémices	115
Chute libre	121
Qui est mon père ?	143
Épilogue	171
POSTFACE	177

Vous avez été témoin ou victime
de violences sexuelles ?
Appelez le 119.

LES AUTEURS

Isabelle Bieth-Leize

Tour à tour journaliste, animatrice, écrivaine, chargée de diffusion et formatrice, Isabelle Bieth-Leize a plusieurs cordes à son arc. Après avoir travaillé pendant dix ans dans la presse écrite à Paris, elle s'est installée en Bretagne. Aujourd'hui, elle prête sa plume aussi bien à des biographies que des histoires de chirurgie cardiaque, des comédies musicales ou des contes, des articles ciselés ou des portraits passionnés.

Bon à rien ? Prêt à tout !, biographie de Jean-Paul Legendre, 2015.
La Côte d'Émeraude, éditions Ouest-France, 2019.
Du cœur à l'ouvrage, 50 ans d'histoire de chirurgie cardiaque au CHU de Rennes, (publication à l'occasion des 50 ans du service), 2022.
Très chers fantômes, éditions Tiret du 6, 2022.
La feuille d'érable, éditions Ouest-France, 2024.

Emmanuel Breton

Emmanuel Breton est chef d'entreprise et préparateur physique dans le milieu du basketball. Militant engagé dans la lutte contre la pédocriminalité, il se décrit comme un survivant et œuvre pour libérer la parole des victimes. Longtemps confronté à des troubles de la concentration et à des difficultés scolaires, il a trouvé dans le sport une forme de thérapie, avant de découvrir l'écriture comme un puissant exutoire. Père de famille, il a pour ambition de faire bouger les lignes et d'inspirer ceux qui traversent des épreuves similaires.

La promesse du petit garçon est son premier livre.

Dépôt légal : avril 2025
ISBN : 978-2-3225-6985-4